UNE MARTYRE
aux derniers jours de la Terreur:
VICTOIRE DE SAINT-LUC
Dame de la Retraite de Quimper.

Biographie et Mémoires sur l'Institut de la Retraite de Quimper, avec gravures et fac-simile d'une lettre inédite de Mad. Victoire de Saint-Luc, par le Père PIERRE-XAV. POUPLARD de la Compagnie de Jésus.

« Mourir à trente-trois ans pour JÉSUS-CHRIST, et pour JÉSUS-CHRIST mourir martyre ! »
(V. p. 274.)

Imprimerie Saint-Augustin,
DESCLÉE, DE BROUWER & Cie
LILLE, rue Royale, 26. — 1882.

VICTOIRE DE SAINT-LUC.

« Jamais, jamais je ne prêterai le serment demandé... Je signerai mon refus de mon sang. » (p. 147.)

UNE MARTYRE

aux derniers jours de la Terreur:

VICTOIRE DE SAINT-LUC
Dame de la Retraite de Quimper.

Biographie et Mémoires sur l'Institut de la Retraite de Quimper, avec gravures et fac-similé d'une lettre inédite de Mad. Victoire de Saint-Luc, par le Père PIERRE-XAV. POUPLARD de la Compagnie de Jésus.

« Mourir à trente-trois ans pour JÉSUS-CHRIST, et pour JÉSUS-CHRIST mourir martyre !! »
(V. p. 274.)

Imprimerie Saint-Augustin,
DESCLÉE, DE BROUWER & Cie.
LILLE, rue Royale, 26. — 1882.

Protestation de l'Auteur.

Pour obéir aux décrets d'Urbain VIII, d'heureuse mémoire, l'auteur déclare que tout ce qu'il publie dans cet ouvrage n'est fondé que sur la foi qu'on peut donner à l'autorité humaine, et qu'il se remet en tout au jugement du Siège Apostolique dont il veut être le fils très dévoué et très obéissant.

A Sa Grandeur

Monseigneur Anselme Nouvel,

Évêque de Quimper et de Léon.

Monseigneur,

PERMETTEZ-MOI de publier sous vos auspices, en le dédiant à Votre Grandeur, le travail que je consacre à la mémoire de Madame Victoire de Saint-Luc, décapitée à Paris en 1794, pour avoir peint et propagé l'image du Cœur de JÉSUS.

Cette noble et sainte martyre bretonne, nièce de Monseigneur Conen de Saint-Luc, l'un de vos plus admirables prédécesseurs, fit partie pendant douze ans de la Communauté des Dames de la Retraite de Quimper. Son nom est resté en vénération dans sa famille, dans son Institut religieux et dans toute la Bretagne. Je voudrais, Monseigneur, pour la gloire du divin Cœur et pour la consolation des Dames de la Retraite de Quimper, rendre plus populaire encore le nom de cette grande chrétienne. Je voudrais surtout fortifier les âmes par les exemples de sa vie et l'héroïsme de sa mort : les jours mauvais que nous traversons ont besoin de ces leçons et de ces encouragements.

J'ose espérer aussi, Monseigneur, que vous ne lirez pas sans quelque intérêt les détails relatifs à la Coudraie, manoir où vos nobles et pieux ancêtres exercèrent une si généreuse hospitalité envers les proscrits de 1791 et de la Terreur. Personne mieux que vous n'est à même de vérifier l'exactitude de mon récit, et, partant, aucune approbation ne peut m'être plus chère que la vôtre.

Mais en vous priant d'agréer l'hommage de ce livre, je désire avant tout, Monseigneur, acquitter une dette de reconnaissance. Oui, je suis heureux de pouvoir par cette dédicace remercier Votre Grandeur de votre constante bienveillance envers les religieux de la Compagnie de JÉSUS, et particulièrement de la haute et tendre sympathie que vous avez témoignée à nos Pères, lorsque la violence dispersa, il y a quinze mois, leur communauté de Quimper et posa ses sacrilèges scellés sur le béni sanctuaire de Saint Joseph confié à leur garde et si cher à vos diocésains.

Que ce livre donc, en rappelant dès la première page les attentats des persécuteurs, enregistre la respectueuse gratitude des persécutés envers le Pontife, fils de saint Benoît, qui a daigné ouvrir son palais aux fils de saint Ignace

Dédicace

proscrits et chassés de leur maison à cause du nom de Jésus !

Les Dames de la Retraite de Quimper s'apprêtent à célébrer le deux centième anniversaire de la fondation de leur Institut. Daignez, Monseigneur, mettre le comble à leur joie et à leur reconnaissance, en prenant sous votre patronage ce livre qui doit faire connaître, estimer et aimer leur Congrégation et Victoire de Saint-Luc leur héroïque sœur. Cette nouvelle preuve de votre paternelle affection sera pour les religieuses de la Retraite de Quimper un des plus doux souvenirs de leur Jubilé de 1882.

En bénissant le livre, Monseigneur, daignez aussi bénir l'auteur, et agréez, je vous prie, les sentiments de profond respect avec lesquels je suis,

de Votre Grandeur,

le très humble et très obéissant serviteur,

Pierre-Xav. Pouplard, S. J.

Angers, en la fête de St-Michel, 29 septembre 1881.

LETTRE DE

Mgr l'Évêque de Quimper et de Léon

au R. P. PIERRE-XAV. POUPLARD

de la Compagnie de JÉSUS.

Évêché
de Quimper
et de Léon.

Quimper, le 2 octobre 1881.

MON RÉVÉREND PÈRE,

JE vous suis très reconnaissant de l'amabilité avec laquelle vous avez bien voulu me dédier votre beau travail sur Madame Victoire de Saint-Luc. Les grands exemples du passé sont utiles pour raviver notre foi et notre confiance au milieu des tristesses de l'heure présente.

La paroisse de Quimerch, dans laquelle se trouve le château du Bot, possède aujourd'hui une église que j'ai eu la consolation de consacrer au Sacré-Cœur de JÉSUS. Je suis heureux de rendre ici hommage à la piété et la générosité de Monsieur Emile de Saint-Luc qui continue autour de lui les traditions de sa famille.

Les Religieuses de la Retraite, consacrées au Sacré-Cœur de JÉSUS, *ne conservent pas seulement la mémoire de celle dont les vertus et la mort sont un honneur pour leur famille religieuse. Elles s'efforcent, par leur zèle pour le salut des âmes, de marcher sur ses traces et d'imiter ses exemples.*

C'est à la Compagnie de JÉSUS, *mon Révérend Père, que sont dues ces grandes œuvres qui ont produit tant de bien. Comment ne serions-nous pas heureux de lui témoigner notre reconnaissance et notre dévouement ? Je vous remercie donc vous-même tout particulièrement d'avoir fait revivre dans votre excellent travail la glorieuse mémoire de Madame Victoire de Saint-Luc et d'avoir si justement apprécié l'œuvre éminemment apostolique des Maisons de Retraite. Dieu, je n'en doute pas, bénira votre livre et son auteur.*

Agréez, mon Révérend Père, l'assurance de mes sentiments les plus dévoués en N. S.

☩ D. ANSELME,

O. S. B.

Évêque de Quimper et de Léon.

Introduction.

LES leçons n'ont pas manqué à la triste époque que nous traversons et dont nous ne saurions envisager le terme sans effroi. Ces leçons, qui en a profité ? La crise plus menaçante qui s'accentue et vers laquelle l'Europe se précipite, ouvrira-t-elle les yeux à tant d'infortunés que mille préjugés et les plus étranges illusions retiennent toujours dans le camp de l'erreur ? Nous osons à peine l'espérer, après tant et de si terribles avertissements demeurés inutiles.

Plaise à Dieu cependant que sa miséricorde et sa patience aient pitié de ces multitudes aveugles, dont nous voudrions, s'il était possible, excuser les déplorables entraînements ! Et si la justice vengeresse doit s'appesantir sur notre malheureuse patrie, qu'elle frappe de préférence des cœurs purs : ces victimes seules sont capables de sauver les nations.

Quoi qu'il en soit d'ailleurs et quoi qu'il arrive, ce n'est pas aux disciples du Calvaire de se laisser abattre par le spectacle de l'iniquité triomphante. Ils peuvent sans doute verser des larmes sur les maux de l'Église et de la France; mais comme l'immortel Pie IX l'a tant de fois répété, et comme Léon XIII nous le dit à son tour, les vrais croyants doivent redoubler d'énergie et de courage, protester par leurs paroles, leurs écrits et tous leurs actes contre les scandales, les blasphèmes et les sacrilèges qui épouvantent notre génération. Fidèles à leurs convictions, rangés sous l'étendard du Sacré-Cœur, qu'ils se glorifient d'être les tenants de Jésus-Christ, de son Église et de la France catholique, dussent-ils se voir persécutés par les adorateurs et les apôtres de Satan !

La Biographie que nous publions semble venir à son heure : en nous ramenant aux dernières années du XVIIIe siècle, elle nous fait entrevoir l'abîme qui se creusait à cette époque, qui s'ouvre de nouveau devant nous et vers lequel la nation affolée se précipite. Les mémoires de la Retraite de Quimper, notre guide principal dans ce travail (¹), feront passer sous nos yeux des scènes d'arbitraire et de violence, qu'on eût crues désormais impossibles, mais que l'année 1880 a reproduites avec les mêmes caractères d'illégalité et de bassesse.

Ces odieux préludes nous annoncent-ils les horreurs d'un nouveau quatre-vingt-treize ? Qui oserait traiter cette appréhension de chimérique ? Les cris forcenés de la rue, le cynisme de la presse, les blasphèmes vomis tous les jours contre Dieu et son Église par des voix qui prétendent diriger la France, ce concert enfin

---

1. Outre les annales de la maison de Retraite de Quimper nous avons consulté les biographies manuscrites de Victoire de Saint-Luc et de Monseigneur de Saint-Luc, Évêque de Quimper, l'*Histoire de la Fondation des maisons de Retraite*, la Vie inédite du P. Pierre Champion, S. J, *les Vies des Justes*... par le célèbre Abbé Caron, l'*Histoire de la persécution religieuse dans les diocèses de Quimper et de Léon*, par M. l'abbé Téphany, chanoine de la cathédrale de Quimper, et quelques autres ouvrages dont nous nommerons les auteurs, quand nous les citerons. Quelques documents nouveaux nous ont été communiqués par des personnes dont, à tous égards, nous devons respecter les témoignages et auxquelles nous nous faisons un devoir d'exprimer notre reconnaissance.

de clameurs homicides et sacrilèges, qu'est-ce donc, sinon le sourd mugissement, avant-coureur de la plus effroyable tempête ?.. Que Dieu l'épargne à notre infortunée patrie !.. Après tout, les persécutés pour le nom de Jésus et pour la cause l'Église sont en bonne compagnie. Je plains les fils et les petits-fils des nouveaux apostats et des excommuniés qui ont naguère si tristement illustré leurs noms ; je salue au contraire avec une respectueuse admiration ces généreux proscrits dont les noms seront enregistrés au livre d'honneur, avec ceux de ces incorruptibles magistrats, et de ces vaillants officiers dont la France catholique sera éternellement fière. Les noms dont l'histoire rougira ne sont pas ceux des défenseurs de l'Église, ni des soldats de Loigny et de Patay. Les de Troussure, les de Verthamon, les de Bouillé furent des héros en tombant sous les plis du drapeau du Sacré-Cœur ; magnanimes sont les démissionnaires pour la cause de la justice et du droit ; Victoire de Saint-

Luc fut une sainte, en mourant sur l'échafaud pour avoir peint et propagé l'image du Cœur de Jésus.

Nous nous permettons de dédier ces pages aux Dames de la Retraite de Quimper ; elles y ont droit : Victoire de Saint-Luc est une de leurs plus pures gloires. Puisse cette biographie réjouir le cœur de ces pieuses et nobles sœurs de la sainte martyre et leur faire chaque jour estimer davantage le trésor de leur vocation ! Nous leur demandons de vouloir bien agréer notre travail comme un bouquet de fête, à la veille du deux-centième anniversaire de la fondation de leur Institut (1).

P.-X. POUPLARD, S.-J.

Angers, en la fête de N. B. P. S. Ignace de Loyola, 31 juillet 1881.

---

1. La maison de Retraite de Quimper fut fondée le 17 Janvier 1682 par Mademoiselle Claude Thérèse de Kerméno. (Voyez plus loin.)

LIVRE PREMIER.

Chapitre premier.

La famille de Saint-Luc. — Naissance de Victoire. — Son enfance et son éducation au foyer domestique.

ICTOIRE de Saint-Luc naquit à Rennes, le 27 Janvier 1761, de parents plus distingués encore par leur esprit de foi et leur solide piété que par leurs titres de noblesse. Son père, Giles-René Conen de Saint-Luc était conseiller au parlement de Bretagne ; il en deviendra plus tard Président à mortier. Son oncle, l'abbé Toussaint-François-Joseph Conen de Saint-Luc était chanoine de l'église cathédrale de Rennes, et déjà se faisait remarquer par les éminentes vertus qui l'appelleront en 1773, sous Louis XV, aux honneurs de l'épiscopat. Madame de Saint-Luc, née Françoise-Marie du Bot, était digne à tous égards de la noble alliance qu'elle avait contractée. Elle fut, à la lettre, la *femme forte* dont parle l'Esprit-Saint :

ses enfants et ses petits enfants l'ont entourée de respect et d'amour ; ses œuvres et sa mort méritent les louanges de la postérité (¹).

Monsieur et madame de Saint-Luc ne pouvaient ignorer les lois de leur vocation ; ils étaient trop vertueux pour ne pas vouloir les accomplir. Ils invoquèrent donc Celui qui est la source de toute puissance et de toute paternité ; ils demandèrent les bénédictions divines sur leur union : Dieu les entendit et leur foyer ne demeura pas longtemps solitaire. Six enfants, — deux garçons et quatre filles, — furent les fruits et l'honneur de ce mariage chrétien. Victoire, en qualité d'aînée, fut doublement chère au cœur de ses parents. Offerte à Dieu dès avant sa naissance, elle lui fut plus spécialement consacrée le jour de son baptême ; et vingt et un ans plus tard, Madame de Saint-Luc s'en souviendra, lorsqu'elle-même voudra conduire sa fille bien aimée au sanctuaire de la religion. Heureux sacrifice ! Dieu le bénira au delà de toutes les espérances. A l'heure de l'immolation sanglante, lorsqu'il faudra monter sur l'échafaud, Victoire sera là pour soutenir et consoler ses vénérés parents. Mais avant d'arriver à ce glorieux couronne-

---

1. Voici ce que nous lisons dans l'Armorial de Bretagne : « *Conen de Saint-Luc :* Écu coupé d'argent et d'or, au lion l'un dans l'autre, armé, lampassé et couronné de gueules, et pour devise : *sot à son dam.* Cette famille se perd dans la nuit des temps. »

ment d'une belle vie, il nous faut en parcourir les phases diverses. Voyons d'abord comment, dès le berceau, la petite Victoire subit la douce influence de sa mère.

La maternité a ses joies, mais elle impose de redoutables obligations. Madame de Saint-Luc ne fit pas, comme un trop grand nombre de femmes mondaines, qui veulent bien goûter les consolations mais qui dédaignent ou méconnaissent le devoir. Malgré sa jeunesse, — elle était mère à dix-sept ans, — elle prit sa vocation au sérieux. Elle savait que les enfants sont un trésor d'un prix inestimable. Dieu confie ce dépôt à la sollicitude des parents ; un jour il leur en demandera rigoureusement compte. C'était plus qu'il n'en fallait pour tracer une ligne de conduite à la conscience de cette noble femme. Loin donc de se décharger sur des étrangères des soins réclamés par les nouveau-nés, madame de Saint-Luc se fit un devoir et un bonheur de nourrir Victoire, elle voulut également l'instruire. Elle lui donna avec le plus tendre dévouement le lait maternel, premier soutien de la vie ; et quand l'heure fut venue, elle lui prodigua le lait spirituel de l'enseignement chrétien : Fonctions sacrées dont les mères qui ont quelque souci de leur mission seront toujours jalouses, et que les femmes sans amour et sans foi peuvent seules abdiquer.

La petite Victoire, ainsi élevée entre les bras et sur le sein de sa mère, se montra de bonne heure parfaitement docile aux leçons maternelles. Elle pouvait à peine fixer ses yeux, agiter ses petites mains, articuler quelques paroles, et déjà la douce enfant arrêtait ses regards sur l'image du Dieu crucifié, lui envoyait ses tendres baisers et s'efforçait de bégayer le nom adorable du Sauveur et celui de la Vierge Immaculée.

Peu à peu, avec cette patience qui est le secret des mères chrétiennes, madame de Saint-Luc apprit à Victoire de pieuses et courtes invocations. L'enfant n'en comprenait pas la valeur ; mais l'attitude recueillie de sa vertueuse mère lui révélait pour ainsi dire la présence de Dieu ; et, les mains jointes, d'un ton de voix modeste et pénétré, elle invoquait le secours et demandait la bénédiction de Celui qui trouve ses délices à vivre avec les enfants des hommes.

Vouée, dès le sein de sa mère, à l'auguste Marie, Victoire reçut presque au berceau le scapulaire de cette bienheureuse Vierge ; et la blanche robe qu'elle porta jusqu'à sept ans, disait aux yeux de tous qu'elle était consacrée à la Reine des Anges. Madame de Saint-Luc ne pouvait ignorer qu'une dévotion spéciale envers la Mère de Dieu est un des signes les plus certains de prédestination, et elle aimait trop les siens pour ne pas prendre tous les moyens d'assurer leur salut éternel.

La petite Victoire commençait à faire quelques pas, elle balbutiait à peine les premières phrases du langage de l'enfance, et déjà le regard attentif de son père et de sa mère pouvait entrevoir et discerner les qualités et les défauts de son caractère. La vivacité de son intelligence et sa facile mémoire n'étaient égalées que par une pétulance et une étourderie extrêmes. Toutefois l'inclination spéciale, j'allais dire l'instinct sacré de l'enfant, fut une tendre compassion pour les pauvres. Plus tard Victoire leur témoignera une charité vraiment merveilleuse, comparable au dévouement des saints; mais dès sa petite enfance, elle se montra sensiblement émue à la vue des indigents ; et, pour leur venir en aide, elle se priva plus d'une fois du pain délicat qui devait être sa propre nourriture. Elle était heureuse, quand on lui permettait de donner aux pauvres les aliments qui lui étaient réservés ; plus heureuse était sa mère, témoin de cette généreuse compassion. Cette noble chrétienne savait depuis longtemps que la plupart des saints ont éprouvé dès leur enfance ces mystérieux attraits pour les membres souffrants de Jésus-Christ ; elle bénissait Dieu qui daignait donner à sa fille aînée ce nouveau gage de prédestination.

Victoire était dans sa cinquième année

lorsqu'elle fit son premier voyage en Basse-Bretagne, en compagnie de ses parents. C'était en 1766. Un événement bien simple, tout naturel d'ailleurs, mais qui fit une salutaire impression sur la famille de Saint-Luc et particulièrement sur la petite Victoire, se passa alors, et nous le reproduisons d'après les archives de la Retraite de Quimper. Un jour donc arriva au château le R. Père Corret, religieux de la Compagnie de Jésus ; il venait rendre visite à Monsieur de Saint-Luc, dont il était l'ami vénéré. La petite Victoire se trouvait avec ses parents au moment où le Père se présenta. Les regards du saint prêtre s'attachèrent avec douceur sur l'angélique enfant. Il contemplait sans doute ce temple vivant de l'Esprit-Saint et faisait des vœux pour qu'il restât toujours digne de Celui qui aime les cœurs purs et innocents, lorsque Monsieur et Madame de Saint-Luc faisant approcher leur petite fille du vénérable religieux : « Mon bon Père, lui dirent-ils d'une commune voix, veuillez donner votre bénédiction à cette chère enfant. — Bien volontiers », répondit le Père Corret, et après avoir béni l'enfant prosternée à ses pieds, il ajouta avec l'expression d'une vive tendresse et le ton d'un homme inspiré : « *Ma petite Victoire, vous remporterez la victoire sur vos passions.* » Le Père Corret avait la réputation d'un saint, et l'on voulut donner à sa parole l'autorité d'une prophétie. Toujours est-il que souvent dans la suite, on rappela à l'enfant la prophétie du bon Père ; elle servit puissamment à fixer le caractère mobile et à tempérer la vivacité de Victoire. Celle-ci en effet avait le cœur grand et généreux, mais sa légèreté la faisait retomber maintefois dans ces fautes que nous aurons à signaler et qui ne sont que trop ordinaires à l'enfance.

« Souviens-toi, ma fille, lui disait alors Madame de Saint-Luc, souviens-toi de l'avis que t'a donné le bon Père. Il faut vaincre tes passions ! — Oh ! Maman, répondait aussitôt Victoire, j'ai grand regret de mes vilains défauts, je veux m'en corriger. Je serai bien sage, bien douce, bien obéissante. » Puis quelques instants après ces belles promesses, la vivacité reprenait le dessus, et la petite étourdie méritait de nouvelles corrections. Madame de Saint-Luc, loin de se désespérer, savait attendre avec patience une transformation, à laquelle d'ailleurs elle travaillait activement, de concert avec le vertueux chanoine son beau-frère. Celui-ci ne se dissimulait pas les germes dangereux qui se manifestaient dans les allures de sa nièce ; mais il entrevoyait aussi les ressources de ce caractère impétueux ; il ne doutait pas qu'une ferme direction ne vînt à bout des difficultés opposées par la nature ardente et la volonté tenace

*

de l'enfant. Persuadés qu'il faut avant tout imprégner l'âme des grandes et salutaires pensées de la foi, et que la crainte de Dieu est la base de la sagesse, la pieuse mère et le saint prêtre aimaient à redire à la petite Victoire les paroles si connues de la reine Blanche au jeune prince son fils : « *Chère enfant, vous savez combien grande est ma tendresse pour vous, mais j'aimerais mieux vous voir mourir que commettre un seul péché mortel* (1). »

Cette admirable leçon faisait sur l'âme de l'enfant une profonde impression ; elle lui inspirait une horreur extrême de l'offense de Dieu. La crainte du Seigneur est le commencement de la sagesse ; sans elle point de solide vertu, point de véritable religion.

Sachant qu'après cette horreur du vice, un des plus puissants moyens de maintenir le cœur dans l'amour de Dieu et la pratique du bien, est le souvenir de la passion du divin Sauveur, Madame de Saint-Luc rappelait souvent à Victoire les scènes douloureuses du Calvaire. Ce n'était pas sans fruit. La chère petite, toujours attentive quand on lui enseignait les vérités de la foi, l'était bien plus encore, au récit des souffrances de JÉSUS-CHRIST ; elle ne pouvait l'entendre sans

---

1. *Cher beau fils*, disait Blanche de Castille à S. Louis, *vous aime plus que tout au monde, mais préfère vous voir occire plutôt que courroucer Dieu par péché mortel.*

être vivement émue et souvent jusqu'aux larmes.

Cette émotion trahie par des pleurs, Victoire l'éprouvait également lorsqu'elle s'approchait du tribunal sacré de la pénitence, où dès l'âge de six ans elle fut conduite par sa pieuse mère. Madame de Saint-Luc comprenait que l'on ne saurait puiser trop tôt dans les sacrements les secours qu'ils offrent à notre faiblesse ; elle en expliquait l'importance à sa chère enfant et l'y préparait avec le plus grand soin.

Formée à si bonne école, Victoire ne se confessait jamais sans se montrer plus décidée à combattre les défauts de son âge, et en particulier sa vivacité, son étourderie, et une sorte de violence de caractère qui plus tard fera place à une charmante douceur. Nous tenons à le faire remarquer, tout n'était pas parfait dans celle que nous voulons proposer à l'imitation de nos lecteurs ainsi qu'à leur admiration. Cette âpreté de caractère, signalée dans les manuscrits que nous consultons, cette humeur ardente et passionnée que la petite Victoire montrait en maintes circonstances, soit qu'elle s'attachât à une pensée, soit qu'elle l'abandonnât pour en embrasser une autre, ces défauts se manifestèrent également, lorsqu'il fut question de l'appliquer aux études. Parfaitement douée du côté de l'intelligence, prompte à saisir les choses et à les bien juger, mais capricieuse, n'étudiant que par boutades, gaspillant par là-même son temps, Victoire eût trouvé de véritables dangers dans la précocité même de ses talents et de ses nombreuses aptitudes. Heureusement Madame de Saint-Luc avait l'œil à tout, elle savait tout prévoir. Dans sa maternelle sagesse elle trouva le moyen efficace d'assujétir le caractère difficile et léger de Victoire ; elle résolut de la placer dans un pensionnat. La pieuse et intelligente mère savait bien que ce genre d'éducation habitue les enfants à l'ordre et à la ponctualité, qu'il dompte peu à peu les volontés capricieuses et rebelles, aiguillonne les natures apathiques et indolentes, et par le secours de l'exemple, par les industries de l'émulation, par les soins multipliés de maîtres expérimentés, fait de vrais miracles de transformation. Mais quel pensionnat choisir ? Madame de Saint-Luc ne pouvait hésiter un seul instant. Chrétienne avant tout, par là même voulant sauvegarder l'âme de sa fille, elle jeta les yeux et fixa son choix sur le Pensionnat des Dames de la Visitation à Rennes. Le jour même de la Présentation de la Sainte Vierge, elle vint confier son enfant à la sage et maternelle direction de ces pieuses maîtresses (1769). La nouvelle pensionnaire n'avait pas encore neuf ans accomplis.

Chapitre deuxième.

Victoire au pensionnat des Religieuses de la Visitation. — Son caractère, — ses luttes, — sa préparation à la première Communion.

IL n'entre pas dans le plan de ce travail de faire l'éloge des filles de Saint-François de Sales, ni de prouver qu'elles peuvent, sans sortir de l'esprit de leur vocation, s'appliquer à l'éducation des jeunes personnes. Qu'il nous suffise de dire que plusieurs communautés de ce saint ordre, toujours fidèles à leur institut, tiennent des pensionnats et le font avec un véritable succès ; nous avons pu le constater nous-même en y exerçant le ministère de notre apostolat, et plus d'une fois nous avons béni Dieu du bien qui s'y fait. L'humilité de ces pieuses maîtresses ne saurait ni cacher leurs talents ni faire oublier l'habileté de leur direction. Les Religieuses du second monastère de la Visitation à Rennes, mesdames de Bouteville et de Robien, auxquelles Madame de Saint-Luc vint présenter notre petite Victoire, étaient d'un rare mérite et avaient l'expérience des pensionnats. Elles eurent bientôt reconnu dans la nouvelle enfant qui leur était confiée, un fond très riche et d'excellentes dispositions pour la vertu, mais en même temps cette étourderie et cette pétulance dont nous avons parlé et qui faillirent plus d'une fois déconcerter leur zèle. Bonne, gaie, obligeante, Victoire conquit bien vite l'affection de ses maîtresses et de ses compagnes ; sa légèreté toutefois et ses saillies de caractère, lui attirèrent souvent des surnoms assez peu flatteurs et l'exposèrent à ces critiques d'enfants dont les maisons d'éducation les mieux tenues n'ont pas le privilège d'être exemptes. Tantôt c'était *Lady Tempête*, tantôt *Lady Babiole*, et épithètes semblables qu'on murmurait à l'adresse de Victoire et assez haut pour qu'elle entendît. Son petit amour-propre en était froissé ; et voulant éviter l'humiliation que lui infligeaient ces qualificatifs peu gracieux, elle prenait la résolution d'être plus calme, plus patiente et plus douce. Hélas ! à la première occasion ces bons propos s'évanouissaient, et les petites espiègles ses compagnes, redisaient malicieusement : « *Voyez donc, voyez donc Lady Tempête !* » petites guerres bien innocentes assurément, mais qui piquaient au vif la nouvelle pensionnaire. Plus d'une fois elle resta déconcertée devant ces cris de singulière admiration. Ce ne fut pas sans fruit ; Victoire avait un désir sincère de se corriger ; l'aimable persécution faite à ses défauts rendit ses résolutions plus généreuses et plus efficaces ; et, sous l'influence de la grâce du Seigneur, elle se mit très sérieusement à l'œuvre de la réforme. Le changement opéré au bout de six mois fut sensible et combla de joie ses excellentes maîtresses. Il fut tel qu'on la jugea capable d'être admise à la première communion. La perspective de ce bonheur fut dès lors le plus puissant moyen de stimuler son courage ; et la plus grande menace qu'on pût lui faire, c'était de reculer pour elle l'époque de cette incomparable fête. Désormais la première communion devint l'objet unique de ses préoccupations et de ses vœux. Pour s'en rendre digne, Victoire fut plus assidue au travail, plus obéissante à ses maîtresses, plus douce et plus affable envers ses compagnes ; peu à peu disparurent ses vivacités de caractère et tous ses caprices. L'action de la grâce se manifesta particulièrement au recueillement profond de l'enfant dans ses exercices de piété ; chaque jour elle édifiait davantage ses jeunes amies et ses institutrices par son angélique ferveur et sa fidélité au règlement ; la transformation devenait complète. La petite retraite préparatoire acheva de purifier ce tabernacle vivant, déjà si bien disposé, et Victoire put s'asseoir au banquet eucharistique, entourée de ses compagnes et de ses maîtresses heureuses de se nourrir avec elle du pain des Anges.

Les Annales de la Retraite de Quimper font remarquer « que ce fut sans doute dans cet heureux moment que Dieu fit sentir au cœur de Victoire, la douceur de son joug et le bonheur d'être tout entière à son service, car : « *elle conçut dès lors le désir et forma le dessein d'être Religieuse.* » La petite pensionnaire avait à peine dix ans accomplis et elle osait aspirer à l'honneur de devenir un jour la virginale épouse de Jésus-Christ ! Déjà, par une grâce spéciale, elle sentait que son cœur était trop grand pour être occupé par la créature ; et reconnaissant que Dieu seul pouvait le remplir, elle le lui offrait avec toute la ferveur et toute la tendresse d'une âme rayonnante de pureté. Ce désir ne fit que s'accroître avec l'âge, et devint par la suite le mobile sacré de toutes ses actions. Tombait-elle dans une de ces fautes qui échappent si facilement à l'enfance : « *Quoi, Mademoiselle,* lui disait-on, *vous voulez être religieuse, et vous avez encore de l'attache à votre volonté, et vous ne voulez point obéir ?* » Il n'en fallait pas davantage pour faire rentrer l'enfant dans le calme et l'obéissance ; saintes industries et dignes de parents formés à l'école de la foi ! Mais à l'heure présente, quelles sont les mères qui oseraient se servir de pareil moyen pour corriger leurs enfants ?

Nous avons déjà dit que Madame de Saint-Luc avait voué à la Reine des Anges la petite Victoire, même avant de lui avoir donné le jour ; nous avons ajouté que dès le berceau elle l'avait revêtue des livrées de cette virginale et divine Mère. On ne s'étonnera donc pas d'apprendre que la jeune pensionnaire de la Visitation eût une dévotion de plus en plus vive et affectueuse envers Marie, et que, dès l'âge de dix ans, à partir de sa première communion, elle se fit une loi de réciter chaque jour une partie du saint Rosaire.

Victoire avait également une tendre piété envers son Ange Gardien ; souvent elle l'invoquait, et, chose plus remarquable, elle avait la touchante habitude de le consulter, quand elle devait prendre ou exécuter quelque résolution.

Sous la direction de ses pieuses maîtresses, elle s'appliqua au saint exercice de l'oraison : elle en fit d'abord un quart d'heure chaque matin. C'était ce quart d'heure que la Séraphique Thérèse demandait à quiconque veut s'assurer la possession du Ciel. Victoire garda toute sa vie cette salutaire pratique, à laquelle dans la suite elle consacra beaucoup plus de temps.

Comme la plupart des enfants, notre petite pensionnaire était portée à flatter son goût, « *et*, disent les manuscrits déjà cités, *elle était naturellement d'un grand appétit, et un peu gourmande.* » Reconnaissant avec humilité ce vilain défaut, et voulant le vaincre, elle s'imposa de fréquentes privations, inoffensives d'ailleurs pour sa santé ; et la plus pratique, sinon la plus héroïque de ses mortifications, fut de ne jamais se permettre de prendre en dehors des repas, non seulement la plus légère friandise, mais un aliment, un breuvage quelconque. Combien d'enfants, combien de grandes personnes même devraient, à l'exemple de cette petite fille de dix ans, apprendre à se vaincre et à dominer les caprices de la sensualité !

Ainsi Victoire avançait à grands pas dans les voies de la sagesse chrétienne, guidée sans aucun doute par le souffle de l'Esprit-Saint qui lui parlait au cœur, éclairée en même temps et soutenue par le zèle et la prudence des pieuses maîtresses auxquelles Madame de Saint-Luc l'avait confiée.

Chapitre troisième.

Victoire rentre au sein de sa famille, — elle y continue son éducation. — Trait de vertu. — Vocation. — Intérieur de la famille de Saint-Luc. — Esprit de prière. — Charité envers les pauvres et les malades. — Vie réglée.

VICTOIRE n'avait fait sa première communion que depuis peu de mois, quand Madame de Saint-Luc crut devoir la rappeler auprès d'elle. Cette mesure fut pour la petite pensionnaire le sujet d'une amère douleur ; elle ne s'en consola qu'en espérant faire de fréquentes visites à son cher couvent et à ses dignes institutrices. « *Oui, disait-elle, je reviendrai au Colombier* (1), *j'y reviendrai souvent, et un jour j'y reviendrai pour n'en plus sortir, je serai religieuse de la Visitation Sainte-Marie.* »

Nous verrons plus tard comment Dieu amènera cette chère enfant dans son sanctuaire ; mais, remarquons-le de nouveau, ce fut à l'époque de sa première communion que Vic-

---

1. C'était le nom donné au second monastère de la Visitation à Rennes.

toire se sentit attirée par *Notre-Seigneur à la vie parfaite*. Comme tant d'autres enfants privilégiés, elle avait reçu en cette heure solennelle, dans la terre vierge de son cœur, *et le pain sacré des Anges, et le germe de la vocation à la vie des Anges.*

Madame de Saint-Luc ne tarda pas à constater les merveilleux changements opérés dans le caractère de sa fille ; elle en fut charmée, et pour en témoigner sa reconnaissance envers Dieu, elle continua, avec un zèle tout religieux et la tendresse intelligente d'une mère, l'éducation si bien commencée au pensionnat de la Visitation. Aidée de maîtres habiles et foncièrement chrétiens, que d'ailleurs elle ne perdait point de vue, la noble femme poursuivit elle-même la tâche délicate d'institutrice. Attentive à tout, dirigeant tout par ses sages conseils, elle ne voulut céder à personne le rôle modeste mais si important de catéchiste, et seule elle s'imposa la sublime et touchante mission d'enseigner à Victoire les vérités de la foi.

Heureuse de trouver un bienveillant appui dans les filles de Saint-François de Sales, elle permettait à sa chère enfant d'aller visiter son couvent et de s'entretenir avec ces pieuses maîtresses. Le moyen le plus efficace d'exciter et de fortifier dans le cœur de Victoire les sentiments de piété et de solide dévotion, était de remettre ce cœur candide et pur en contact avec ces âmes toutes embrasées de l'amour du divin Cœur. Telle n'est pas, il est vrai, la conduite de certains parents. La vue d'un monastère les épouvante, y mener leurs enfants leur semble une grave imprudence, sinon un affreux danger. Mille fois préféreraient-ils exposer ces pauvres enfants dans des réunions mondaines, et sous prétexte de leur apprendre le monde, les jeter dans des occasions qui feraient tomber les âmes les mieux aguerries. Aussi qui pourra compter les chutes lamentables, qui pourra dire les tristesses et le désespoir de tant d'âmes égarées dans des voies que le ciel réprouve, et qui trop souvent conduisent aux abîmes et à la mort?

Victoire n'avait quitté le pensionnat que depuis peu de temps, lorsque la Providence lui ménagea l'occasion de triompher de sa curiosité et de montrer quelle sainte horreur pour les vanités du monde elle avait puisée à l'école de la Visitation. Tandis que la famille était en villégiature dans un de ses domaines, aux environs de Quimper, Madame de Saint-Luc crut devoir répondre à une grâcieuse invitation. Elle se rendit un jour à Brest, accompagnée de Victoire et d'une autre de ses plus jeunes filles. Reçue chez son amie, elle n'eut qu'à se louer des attentions et des prévenances dont elle et ses enfants furent constamment l'objet.

Victoire, dont la curiosité naturelle était facilement excitée, prenait un singulier plaisir à entendre parler de toutes les belles choses que l'on se proposait de lui faire voir ; et pour une enfant de dix à douze ans, combien de merveilles dignes d'admiration à Brest ! Mais voici qu'un jour il fut question de conduire les nobles hôtes au théâtre. Madame de Saint-Luc, qui ne s'était jamais permis ce genre de délassement, s'excusa poliment mais avec énergie. « *Au moins, chère Madame, lui dit son amie, vous permettrez bien à vos deux petites filles de venir au spectacle avec mes jeunes enfants. Je suis sûre qu'elles seront ravies de tout ce qu'elles verront, et je me réjouis moi-même de pouvoir leur procurer ce divertissement.* »

Madame de Saint-Luc s'excusa de nouveau et fit valoir de fort solides raisons que son amie n'eut pas le bon goût d'admettre. C'est alors que, fatiguée de ces importunes sollicitations, la pieuse mère de Victoire parut se rendre. « *Soit*, dit elle enfin, *je le veux bien, conduisez-les au spectacle, si mes filles y consentent elles-mêmes ; je les laisse libres ....* » La partie semblait gagnée : On entoure les enfants, on leur fait une séduisante description de la mise en scène, de la musique, de la danse, enfin de tout ce qui peut piquer la curiosité de ces chères petites ; on n'attend plus que leur réponse : « *Non non, je n'irai point au spectacle*, reprend

Victoire avec vivacité ; et regardant sa mère avec amour : *Je suivrai, continua-t-elle, l'exemple de maman et les avis de mes bonnes maîtresses du Colombier.* » Puis l'aimable enfant se mit à prouver combien elle avait raison « *de ne pas aller à la comédie,* » en faisant valoir des motifs bien au-dessus de son âge. Mais tandis qu'elle triomphait de la tentation, sa jeune sœur âgée de huit ans à peine paraissait hésiter. Enivrée d'avance du bonheur qu'on lui promettait, et croyant déjà voir toutes les merveilles que l'on venait de faire passer sous le regard de son imagination, elle allait donner son consentement. Victoire s'en aperçoit. Aussitôt la tirant à l'écart : « *Quoi, ma petite Angélique,* lui dit-elle avec l'accent de la plus vive tendresse et le ton sérieux d'un apôtre, *quoi, tu te laisserais entraîner à l'attrait du plaisir ? Mais ne sont-ce pas là les pompes de Satan auxquelles nous avons renoncé à notre Baptême ? Maman nous laisse libres, parce qu'elle compte sur notre raison. O chère petite sœur, que maman ne soit point trompée : suivons son exemple et ses leçons !* » Ces paroles firent une telle impression sur la jeune enfant, que toute hésitation disparut et qu'elle résista victorieusement aux sollicitations qu'on essaya encore de lui faire. Plus tard, fortifiée par le souvenir de cette première tentation vaincue, elle réprima toujours et avec succès cette passion du théâtre : Angélique n'assista jamais à aucun spectacle. Heureux fruits d'une éducation vraiment chrétienne, où les leçons de l'école sont confirmées par celles du foyer domestique ! Et maintenant, que voyons-nous dans un trop grand nombre de familles ? On ne conduit pas les tout petits enfants aux théâtres publics, ils y seraient un embarras ; mais on les fait assister à des drames représentés dans le sanctuaire même de la maison paternelle ; on leur prépare des soirées, des matinées, des bals et toutes ces fêtes dites enfantines qui, l'expérience ne le prouve que trop, deviennent bien vite pour ces pauvres enfants des écoles de vanité et de coquetterie, et quelquefois même sont l'occasion d'un précoce libertinage.

Monsieur de Saint-Luc, ayant été nommé Président à mortier au Parlement de Rennes, était revenu dans cette ville avec tous ses enfants (1771). Il y retrouva l'abbé de Saint-Luc, son frère, que son mérite avait fait nommer à l'abbaye de Langonet en 1767, et dont la tendre piété et le dévouement étaient pour tous un sujet d'édification. Quelques esprits malveillants mirent cependant plus d'une fois à l'épreuve la patience et la charité du saint prêtre. Déjà grondait sourdement l'orage révolutionnaire : c'est dire que l'on commençait à bafouer le sacerdoce, ce rempart assuré de toute légitime autorité.

« Un jour, dit un témoin oculaire, que nous
« l'accompagnions dans une rue de Rennes,
« on lui tira un coup de fusil en plein midi.
« Nous nous rappelons parfaitement l'heure,
« la maison, la rue d'où le coup partit. Mon-
« sieur l'abbé de Saint-Luc n'en reçut aucune
« atteinte, il continua son chemin, comme s'il
« ne se fût aperçu de rien et ne forma aucune
« plainte. » [1] On comprendra sans peine que
notre chère Victoire, pour qui le vertueux
abbé avait une religieuse prédilection, fit de
nouveaux progrès dans le sentier de la perfection.

Les conseils du saint prêtre sanctionnaient
efficacement les leçons données par Monsieur
et Madame de Saint-Luc à leur docile enfant.
Sans déroger aux exigences réclamées par la
haute position de son mari, Madame de Saint-
Luc resta toujours fidèle au plan de vie qu'elle
s'était tracé, comme mère de famille et maîtresse de maison.

Elle accordait à la société tout ce qu'elle lui
devait et ce que désirait Monsieur de Saint-
Luc. Il lui fallait visiter et recevoir beaucoup
de monde. Mais la noble femme était chrétienne avant tout, et la matinée était spécialement réservée aux devoirs de religion. De
bon matin, après la prière, elle menait ses

---

1. *Abrégé de la vie de Mgr de Saint-Luc*; mst. de M\u1d63
Boissièrre.

filles à la messe ; elle voulait leur apprendre à sanctifier leur journée tout entière par cette grande et salutaire action. Venaient ensuite les heures de travail, que son esprit d'ordre et son activité avaient parfaitement réglées, selon l'importance relative de chaque chose. C'était le temps spécialement consacré à l'éducation de ses enfants. Dans l'après-midi, vers le déclin du jour elle se ménageait quelques instants, pour rendre visite au Dieu du tabernacle, et fréquemment elle allait l'honorer et le consoler dans la personne des malades et des pauvres. L'aspect et l'atmosphère des hôpitaux ne l'effrayaient pas. Ainsi Madame la Présidente était le modèle des Dames de Rennes par les exemples de la piété la plus sincère et de son active charité ; sa vie pratique était une continuelle leçon de vertu non seulement pour ses enfants, mais encore pour toute la société qu'elle fréquentait.

Cependant Victoire se confirmait de plus en plus dans la résolution d'être un jour sans aucune réserve *la servante du Seigneur*. Le sort qui lui paraissait le seul digne d'envie, c'était la vocation de ces humbles vierges qui, consacrées aux œuvres de prière et de pénitence se préparent ici-bas par une vie angélique, au bonheur de suivre au Ciel l'Agneau immaculé. Dans sa candide impatience, elle comptait les années et les mois qui devaient s'écouler jusqu'à son entrée en religion ; elle s'en entretenait sans cesse, et sûre, disait-elle, de l'assentiment de Monsieur et de Madame de Saint-Luc, elle ne doutait pas qu'à dix-huit ans ses ardents désirs ne fussent accomplis... Hélas ! de si beaux projets parurent un moment s'évanouir.

Madame de Saint-Luc avait cru devoir mener sa fille aînée dans le monde : Victoire ne se contenta pas d'y paraître par bienséance, elle y prit goût. La danse qu'elle n'avait cultivée que pour obéir, la toilette que jusqu'alors elle avait négligée, la préoccupèrent tout à coup et à un tel point, que, pendant plusieurs mois la dissipation et le relâchement envahirent son âme et menacèrent de lui être souverainement pernicieux. Spécifions. Les mémoires du temps nous disent que la jeune fille avait un soin exagéré de sa chevelure, et de tout ce qui pouvait rehausser sa parure de tête. Victoire sacrifiait donc, elle aussi, à cette fascination de la toilette, dont la plupart des femmes semblent vouloir être esclaves ; fatale et si souvent ridicule servitude, dont les poètes païens ont dans leurs satyres flagellé inutilement les travers, et qui résiste trop souvent, hélas ! aux enseignements mêmes du Christianisme.

Heureusement Victoire avait l'esprit trop bien fait et un caractère trop incliné par la grâce vers la vie sérieuse, pour rester longtemps victime de la futilité et de la bagatelle. Moins de trois mois s'étaient écoulés et déjà elle avait reconnu le danger et rompu avec cette *vie mondaine.* C'est ainsi que plus tard elle appelait ces semaines d'entraînement ; elle les pleura avec amertume ; elle en fit une sévère pénitence, et souvent elle répétait avec un profond sentiment d'humilité que « *si Dieu n'eût eu pitié d'elle, elle eût aimé le monde avec passion, et fût devenue une grande pécheresse.* » Que ces paroles soient exagérées, nous le voulons bien ; mais qui ne connaît l'histoire de sainte Thérèse et ce qu'elle affirme d'elle-même ? Hélas ! ne voyons-nous pas tous les jours les plus tristes chutes suivre de près une heure de légèreté, et de honteux scandales payer les prétendues innocences de la vanité et de la coquetterie ?

Chapitre quatrième.

La famille de Saint-Luc dans sa terre du Bot. — Le château est l'asile des malheureux et une école de dévouement. — Aspirations de Victoire à la vie religieuse. — Le Jubilé de 1776 à Quimper.

LA mort de Louis XV (1774) avait occasionné la résurrection de l'ancienne magistrature, en faisant disparaître celle que pendant les dernières années de son règne le feu roi avait créée, de concert avec son chancelier René Nicolas de Maupeou. Monsieur de Saint-Luc avançait en âge, il était fatigué. Il crut donc que le moment était venu pour lui de confier à d'autres l'honorable fonction dont il s'était si dignement acquitté pendant une partie de sa carrière ; et, vers la fin de l'année 1774, il se retira avec sa famille en sa terre du Bot dans le Finistère. Cette solitude avait pour lui de grands attraits, surtout depuis qu'elle le rapprochait de son excellent frère, nommé naguère à l'évêché de Quimper [1]. Victoire,

---

1. L'Abbé de Saint-Luc avait été nommé à l'évêché de Quimper le 1er Mai 1773. Ce ne fut qu'à force d'instances et sur l'ordre

en quittant Rennes, n'eut qu'un regret ; elle s'éloignait du saint asile, où elle espérait pouvoir un jour se consacrer au Seigneur, à l'exemple de ses pieuses maîtresses. Une chose cependant vint adoucir ce regret : il lui fut permis de correspondre avec les religieuses qui l'avaient élevée à l'ombre du cloître ; et ce commerce épistolaire, elle eut la consolation de l'entretenir, jusqu'aux tristes jours de la révolution, avec madame de Bouteville, sa maîtresse du pensionnat.

Madame de Saint-Luc renonça sans effort et sans peine aux sociétés brillantes et trop souvent frivoles de la grande ville, pour se renfermer dans son modeste et solitaire manoir. Là, tout entière aux œuvres de la piété et aux soins de sa famille, elle pouvait goûter la paix du foyer domestique sans redouter les fastidieuses servitudes du grand monde. Les archives que nous consultons, attestent que le château du Bot devint le séjour du bonheur, grâce à la douce influence des vertus qu'y fit fleurir la noble dame. Une régularité parfaite présidait à tout : on eût dit un monastère. De bon matin, au son de la cloche, tous les habitants du château se réunissaient à la chapelle,

---

formel que son Éminence le Cardinal de la Roche-Aimon lui donna « *Au nom de Dieu comme au nom du roi,* » que le vertueux chanoine de Rennes et abbé de Langonet accepta sa nomination, et prit possession de son siège au mois de septembre 1773.

où, par un privilège dont la pieuse famille était bien digne, reposait le Saint-Sacrement. On y faisait en commun la prière, on lisait quelques pages d'un bon livre, en forme de méditation, et l'on assistait ensuite à l'auguste sacrifice. Les prémices du jour étant ainsi consacrées au Seigneur, chacun se livrait aux occupations qui lui étaient assignées. Nous l'avons déjà dit, Madame de Saint-Luc s'était imposé le devoir de présider à l'éducation de ses enfants ; ce qu'elle faisait à Rennes, elle le fit avec plus de soin encore dans la terre du Bot, et le travail de ses enfants correspondait fidèlement à sa maternelle sollicitude.

Après le dîner et une récréation pleine d'entrain, les enfants se réunissaient de nouveau pour l'étude. On lisait d'abord la Vie des saints, puis quelques pages intéressantes d'une bonne et saine littérature. Le soir, la récitation du chapelet et la visite au Saint-Sacrement précédaient le souper. Parents et enfants passaient ensuite une heure au salon : récréation dernière que des jeux innocents et de gais propos rendaient toujours trop courte et que couronnait une petite lecture de piété et la prière en commun. Mais avant de se retirer pour prendre leur repos, tous les enfants se jetaient aux genoux de leurs vénérables parents et recevaient leur bénédiction [1].

---

1. Monseigneur de Poulpiquet, Évêque de Quimper (1824).

Saintes habitudes, gloire et consolation du foyer domestique, qu'êtes-vous devenues ? Hélas ! combien de maris consument leurs soirées et leurs nuits dans les casinos et les théâtres ! Combien de femmes trouvent leurs journées trop courtes pour leurs frivoles visites ! Et pendant ces heures perdues, les enfants restent abandonnés, à la merci de leur paresse ou de serviteurs et de servantes infidèles ! Non, le bonheur n'habite pas dans ces demeures délaissées, la paix ne règne pas dans ces cœurs qui vont mendier au monde ses distractions et ses turbulents plaisirs.

Pour empêcher ses filles de se livrer aux vaines et interminables conversations si ordinaires aux jeunes personnes, Madame de Saint-Luc leur faisait garder au moins un quart d'heure de silence dans le cours de l'après-midi, et leur demandait ensuite un compte rigoureux du sujet sur lequel elles avaient dû réfléchir. Victoire se signalait toujours dans cet exercice, en racontant quelque heureux trait ou quelque anecdote piquante. Tout le

---

disait un jour qu'il avait eu le bonheur dans sa jeunesse de passer quelque temps dans la famille de Saint-Luc, au château du Bot : « *Je n'ai jamais oublié*, ajoutait-il, *la bonne édification que j'ai reçue dans cet admirable intérieur et j'ai surtout été profondément touché, en voyant les enfants venir le soir s'agenouiller devant leur père et leur mère pour recevoir leur bénédiction.* »

(Note communiquée par un membre de la famille de Saint-Luc.)

monde y gagnait, et le sérieux de l'étude disparaissait pour ainsi dire au moyen de ces industries maternelles. La plus admirable et plus utile de toutes était le service et la visite des pauvres et des malades. Madame de Saint-Luc avait sous ce rapport organisé toutes choses d'une manière merveilleuse, et l'on peut dire que le château du Bot était à la lettre l'asile du malheur et l'école du dévouement.

Non contente de porter elle-même assistance aux nécessiteux de la contrée, Madame de Saint-Luc se faisait aider par ses filles dans ce touchant ministère. Victoire, en qualité d'aînée, avait la garde de la pharmacie du château et le privilège d'être plus souvent associée à sa mère dans la visite et le soin des malades. Avec quelle douce joie elle distribuait les remèdes, avec quelle délicate sollicitude elle pansait les plaies les plus repoussantes ! et comme elle savait assaisonner de bonnes et fortifiantes paroles les services qu'elle rendait aux membres souffrants de JÉSUS-CHRIST !

Les jours, où l'on donnait plus large part de pain, de soupe et de vêtements aux pauvres réunis devant le château, étaient des jours de fête pour Victoire. Madame de Saint-Luc aimait à voir ses enfants briguer l'honneur et la consolation de faire ces pieuses largesses, et elle applaudissait à leur sainte émulation. Victoire était ordinairement chargée d'un plus grand nombre d'indigents à secourir, et, toujours sous la direction de sa noble mère, elle avait soin d'enseigner le catéchisme aux ignorants, en même temps qu'elle leur donnait l'aumône matérielle que réclamait leur détresse. A son exemple ses jeunes sœurs rivalisaient de zèle pour instruire et consoler les malheureux rangés en ordre par Madame de Saint-Luc autour de ces aimables enfants.

Par un usage aussi touchant qu'admirable, le plus vieux et le plus infirme des pauvres de la contrée était soigné au Bot, comme un membre de la famille. Nul plus que Victoire n'était assidu à visiter, à consoler ce malheureux. Soutenue elle-même par les pensées de la foi, elle versait dans le sein du pauvre infirme avec le trésor de ses aumônes, le baume de ses douces et vivifiantes paroles ; et comme au Lazare de l'Évangile, elle lui faisait entrevoir les joies et les richesses des cieux après les misères et les épreuves de la terre. Saintes et bienfaisantes habitudes de ces nobles et anciennes familles, quand donc apparaîtrez-vous de nouveau parmi nous ? Quand donc visitant, touchant de près et consolant l'indigence et le malheur, nos enrichis qu'énerve l'égoïsme, retremperont-ils leurs cœurs ; quand donc comprendront-ils que la vraie charité ne consiste pas à jeter du haut d'un balcon l'obole que réclame le mendiant, ni à donner par la main d'un concierge le morceau de pain que demande le pauvre affamé ?

Victoire, à l'école de sa pieuse mère, avait l'intelligence de la douleur et savait la rendre supportable par ses délicates prévenances : tous les pauvres, tous les malades la bénissaient.

Une vertu si solide devait la rendre digne d'approcher fréquemment de la table sainte. Les âmes qui compatissent à la souffrance, qui se penchent avec amour sur le grabat du malade et de l'indigent méritent de s'unir souvent à celui qui s'est fait pauvre et mendiant pour nous. Aussi Victoire avait-elle le bonheur de communier au moins tous les huit jours ; ajoutons qu'elle ne le faisait pas sans quelque anxiété de conscience dont les cœurs les plus purs ne sont pas toujours exempts.

Madame de Saint-Luc remarquant la contention avec laquelle sa fille, âgée de quatorze ans, se préparait à recevoir le sacrement de pénitence, lui en faisait d'aimables reproches. L'examen prolongé et minutieux que Victoire s'imposait avant la confession, la rougeur qui couvrait son visage et les gémissements douloureux qui lui échappaient l'auraient fait prendre pour une grande pécheresse : « *Écoute, ma chère enfant*, lui disait alors son excellente mère ; *le bon Dieu ne demande que notre amour ; il n'exige pas tous ces efforts de tête. Allons à lui de tout notre cœur, avec une volonté bonne et droite, avec simplicité ; et ce bon Père suppléera à tout ce qui nous manque.* » Nous verrons plus tard Monseigneur de Saint-Luc donner les mêmes avis à cette âme délicate jusqu'à l'excès. Heureusement Victoire obéissait, le calme revenait dans cette conscience timide, et, quand l'Hôte sacré avait pris possession du cœur de l'angélique enfant, alors une paix ineffable succédait aux passagères inquiétudes de la veille ; et les témoins de son bonheur comprenaient pourquoi Victoire appelait la divine Eucharistie : *Le paradis des justes sur la terre.* Tout son bonheur en effet était concentré dans ce sacrement de foi et d'amour.

Les âmes appelées à la perfection ont toujours eu l'amour de la croix. Victoire sentit de bonne heure ce divin attrait ; avide d'humiliations et de souffrances elle était ingénieuse à se mortifier, si bien qu'elle nourrit pendant quelque temps le désir de marcher sur les traces de la séraphique Thérèse, et d'achever sa vie au milieu des immolations du Carmel. Elle ne perdait point de vue cependant ses chères Visitandines ; elle savait bien que la douce humilité, l'abnégation et l'esprit de ferveur caractérisant cette sainte congrégation, sont des vertus qui ne grandissent qu'à l'ombre de la croix. Enfin la règle de saint Augustin, suivie par les religieuses Hospitalières avait aussi des charmes pour son ardente charité. Rien ne lui semblait préférable à la modeste et sublime fonction de soulager les pauvres et les malades, ces membres souffrants de JÉSUS-CHRIST. Tous ces différents ordres attiraient tour à tour ses pensées et captivaient son cœur. Un instinct sacré l'entraînait plus spécialement vers les austérités du Carmel ou des pauvres Clarisses; mais elle eût voulu en même temps pratiquer toutes les œuvres apostoliques des autres instituts religieux. Nobles et touchantes aspirations d'une belle âme qui ne connaît point encore sa voie ! Mais le Seigneur avait d'autres vues : Il fera bientôt cesser les incertitudes de sa servante, il lui montrera le but ; et nous verrons avec quelle constante fidélité Victoire s'efforcera de l'atteindre.

C'est à l'époque du grand Jubilé qu'elle entrevit le pieux asile où Dieu voulait la fixer. Les exercices de ce Jubilé furent ouverts dans la ville épiscopale au mois de Mai 1776. Monseigneur de Saint-Luc, voulant assurer les fruits de cette grâce insigne, donna aux exercices la forme d'une mission, et se fit seconder par quarante ecclésiastiques de son diocèse, distingués par leur science, leurs talents et leurs vertus.

La famille de Saint-Luc avait trop de foi et

de piété pour rester indifférente à ce grand moyen de sanctification. Elle sut sacrifier les joies de la campagne pour prendre part aux pieuses cérémonies de la mission et entendre les prédicateurs ; elle vint donc se fixer à Quimper, où parents et enfants édifièrent tout le monde par leur assiduité aux exercices du Jubilé et par leur fervente piété. Victoire resta ensuite deux mois en ville, chez les Dames Ursulines, pour prendre les leçons d'un peintre estimé (1) et perfectionner son talent naissant. C'est près de ces religieuses institutrices et lorsqu'elle semblait y penser le moins, que Victoire crut connaître la volonté divine et vit cesser ses perplexités. Une société de personnes d'un haut mérite, dont le nom indique la fin principale, *l'Institut de la Retraite*, fixa son choix ; et à quinze ans Victoire, prenant une résolution définitive, s'écriait : « *Je travaillerai, selon l'esprit de l'Institut de la Retraite, à la conversion des pécheurs et au salut des âmes !!* » Le lecteur a droit de connaître cette société ; nous allons le plus brièvement possible satisfaire ses légitimes désirs.

---

1. Ce peintre, nommé Valentin, s'est fait un nom parmi les artistes. On peut voir dans le palais épiscopal de Quimper un tableau dans lequel il a parfaitement reproduit les traits de Mgr de Saint-Luc : Valentin reconnaissant aimait à dire qu'il avait été protégé par l'Évêque de Quimper.

LIVRE SECOND.

Chapitre premier.

Les exercices spirituels de saint Ignace. — Maisons de Retraite à Vannes, à Quimper. — Fondateurs et Fondatrices.

E toutes les méthodes que le Saint-Esprit a inspirées aux hommes apostoliques pour établir le règne de Dieu, il n'y en a point de plus efficace que les exercices de la Retraite; l'histoire de tous les saints en est l'éclatante démonstration. Le Fondateur de la Compagnie de JÉSUS, saint Ignace de Loyola, fit lui-même l'heureuse expérience des fruits que l'âme recueille dans la solitude et la prière; aussi voulut-il rendre plus pratique cet art de régler et de diriger la vie du chrétien, en réunissant dans un petit livre un ensemble de vérités dont la méditation approfondie n'a cessé depuis trois siècles et demi d'opérer des miracles de conversion et de sanctification. Ce n'est ni le lieu ni le cas

de nous étendre sur le mérite exceptionnel du livre des *Exercices spirituels*, loué et approuvé par les Souverains Pontifes et dont saint François de Sales disait, il y a plus de deux cent cinquante ans, qu'il avait fait autant de saints qu'il renferme de lettres. Mais ce qu'il convient de faire remarquer, c'est que, si saint Ignace a jeté le plan d'une retraite régulière, c'est à ses enfants que revient la gloire d'avoir conçu le projet d'établir des maisons de Retraite uniquement consacrées à ces pieux exercices.

Vers le milieu du XVIIe siècle, Dieu suscita une de ces âmes privilégiées qu'il donne au monde dans sa miséricorde, et dont il se sert pour faire réussir ses desseins en aplanissant, par leur zèle et leur courage persévérant, tous les obstacles qui s'opposent à leur exécution.

Le Père Vincent Huby, religieux de la Compagnie de Jésus, résidant au collège de Vannes, sentit toute l'importance d'une telle entreprise. La première inspiration lui en avait été suggérée ainsi qu'à monsieur de Kerlivio, son illustre et saint pénitent, à l'occasion d'une autre œuvre de zèle, agréée d'abord et ensuite interdite par l'Évêque de Vannes.

« Dieu, qui voulait unir ces deux grands hommes dans l'accomplissement de l'œuvre qu'il leur avait inspirée, mit entre eux une si parfaite conformité, qu'on ne pouvait voir deux amis qui eussent plus de rapports l'un avec l'autre, soit pour les qualités naturelles, soit pour les dons surnaturels, et pour le caractère de leur vertu et de leur conduite. D'ailleurs la diversité de leur genre de vie servit au plan divin et au succès de leurs projets. Pour établir une maison de Retraite, il fallait un fondateur qui, dans l'état séculier, retînt la propriété de ses biens, et un directeur qui, dans l'état régulier, possédât l'esprit du saint instituteur des Exercices spirituels. Pour soutenir cette maison dans ses commencements et pour y attirer les prêtres avec le peuple, la faveur et l'autorité d'un supérieur ecclésiastique du mérite de monsieur de Kerlivio étaient nécessaires ([1]); et pour la maintenir dans la suite des temps et lui donner un fond de stabilité perpétuelle, il fallait l'attacher à un ordre religieux qui regardât l'emploi des retraites, comme un de ses ministères les plus essentiels et comme une portion de l'héritage que son Père lui a laissé. » ([2])

Monsieur de Kerlivio et le père Huby ayant, dans la prière et par des voies que nous oserions

---

1. Mr de Kerlivio était Vicaire Général de Monseigneur de Rosmadec, évêque de Vannes.
2. Voir préface de la *Vie des fondateurs des maisons de retraite*, par le père Champion, S. J. — Le Père Pierre Champion a pendant les vingt dernières années de sa vie (1680-1701), été Directeur des Retraites à Nantes. Il fût un des disciples et des fils spirituels du V. P. Huby.

appeler merveilleuses, reconnu les desseins de Dieu, conclurent d'un commun accord d'employer à une maison de retraite un bâtiment destiné d'abord pour un séminaire. Les ecclésiastiques et les séculiers pourraient s'y renfermer pendant quelques jours dans la solitude et le silence, et vaquer ainsi plus sûrement à l'importante affaire de leur salut et de leur perfection. Cette idée fut pour eux un trait de lumière et les remplit de consolation. Monsieur de Kerlivio en fit la proposition à l'évêque, qui la reçut avec joie et voulut la recommander par son exemple et par ses paroles. Monseigneur de Rosmadec s'empressa même de publier un mandement, qui fit connaître à tous les fidèles (1664) combien cet établissement lui était sympathique, et avec quel bonheur il verrait prêtres et laïques se retirer pendant quelques jours dans ce saint asile, où Dieu, par une miséricorde particulière, leur présentait un si puissant secours pour le bien de leurs âmes.

Personne ne s'étonnera d'apprendre que, malgré les recommandations du prélat, l'établissement de cette maison de Retraite ait rencontré de grandes oppositions. La croix sera toujours le sceau des œuvres inspirées par le zèle des âmes. Le vicaire général de Vannes et son pieux directeur ne s'effrayèrent pas de ces persécutions ; mais, confiants dans la bonté de leur entreprise, et soutenus par la faveur de Monseigneur de Rosmadec, ils virent peu à peu la tempête se calmer et la sérénité succéder à l'orage. Quelques années s'étaient à peine écoulées, et la fondation était assurée et portait déjà des fruits abondants de salut. Les diocèses voisins privés d'un pareil établissement, envoyaient à Vannes un grand nombre de personnes ecclésiastiques, nobles, ou simples gens de la campagne, qui s'en retournaient ensuite publiant partout le bienfait de cette admirable institution. Rien enfin ne semblait manquer à la perfection de cette œuvre, sinon qu'elle procurât les mêmes avantages aux femmes qui s'en voyaient avec regret totalement privées. Dieu y pourvut par le zèle et la générosité d'une noble chrétienne, dont le souvenir est resté en bénédiction dans les maisons de Retraite de Bretagne, nous avons nommé Mademoiselle Catherine de Francheville. Notre travail ne nous permet pas de faire l'éloge historique de cette vertueuse et illustre femme; nous n'avons qu'à rappeler succinctement comment la Providence se servit d'elle pour la fondation de la première maison de Retraite destinée aux personnes de son sexe.

Mademoiselle de Francheville n'ignorait pas les fruits merveilleux que les retraites produisaient parmi les hommes; à ce spectacle son cœur surabondait de consolations, et ses lèvres d'accord avec son cœur, bénissaient les ouvriers évangéliques dévoués à ce laborieux et fécond apostolat. Bien plus, voulant faire participer à cette grâce de choix un plus grand nombre de Bretons, elle ne manquait pas, à chaque retraite, de payer la pension de plusieurs hommes qui ne pouvaient faire cette dépense. Tout-à-coup elle se sentit inspirée de procurer aux femmes une faveur semblable; et après avoir consulté son directeur et d'autres personnes éclairées, après s'être assurée que ce dessein venait bien de Dieu, elle mit sur-le-champ la main à l'œuvre et reçut dans son vaste hôtel plusieurs dames qui désiraient passer quelques jours dans le recueillement et la solitude. Le Père Daran, confesseur de Mademoiselle de Francheville, lui envoyait de temps en temps quelques-unes de ses pénitentes pour faire, pendant huit jours, les exercices qu'il leur prescrivait. Elles ne sortaient de la maison que pour aller à l'église et pour prendre les instructions de leur directeur. Des dames et des jeunes personnes de qualité se présentaient d'elles-mêmes pour participer aux bienfaits de cette solitude, et toutes en sortaient remplies de consolation. Faudrait-il répéter encore que l'épreuve ne manqua point à cette nouvelle fondation?... Heureusement, monsieur de Kerlivio, les Pères

Daran et Huby assistèrent puissamment de leurs bons conseils et de leurs encouragements la pieuse fondatrice. Dieu d'ailleurs voulait l'établissement de cette maison de Retraite. Aussi bien, après plusieurs tentatives approuvées et réprouvées tour à tour par les évêques de Vannes, Messeigneurs de Rosmadec et de Vautorte, Mademoiselle de Francheville put enfin bâtir en ville une maison plus grande et plus commode que celle des hommes (1674). Elle servit de modèle à toutes les autres ; les appartements étaient si bien disposés qu'on y a reçu jusqu'à quatre cents retraitantes à la fois.

Restait à placer à la tête de cette maison une personne capable de remplir avec intelligence et dévouement les fonctions de supérieure et de directrice en tout ce qui n'était pas le rôle essentiel des prêtres, prédicateurs ou confesseurs. L'humilité de Mademoiselle de Francheville lui faisait croire qu'il lui était impossible d'accepter cette charge ; elle eut donc recours à Madame de Forzan du Houx, fille de Monsieur Pinczon, seigneur de Cassé près Rennes. Cette sainte veuve, que la direction de l'Esprit-Saint et de ses confesseurs retint dans le monde pour qu'elle y pratiquât une vie à la fois solitaire et active, avait un rare talent pour toucher les cœurs les plus endurcis et convaincre les esprits les plus opiniâtres. Les croix d'ailleurs étaient la récompense ordinaire de ses travaux, et les grâces que lui accordait le Seigneur étaient presque toujours accompagnées de quelque humiliation ou sacrifice. Déférant à la décision de ses directeurs comme à la voix même de Dieu, Madame du Houx accepta le fardeau qui lui était imposé, et malgré sa faible santé, malgré ses continuelles infirmités, elle travailla avec une prudence, une douceur et un zèle infatigable, sous la direction de Monsieur de Kerlivio et du Père Huby, à l'établissement de la maison de Retraite pour les femmes. A peine avait-elle passé trois ans dans ce laborieux ministère, qu'épuisée par la maladie, elle dut se retirer à Rennes, son séjour odinaire. Elle y mourut saintement le 26 septembre 1677, à l'âge de soixante-deux ans. C'est alors que Mademoiselle de Francheville, cédant, malgré ses répugnances et son humilité, aux avis de Monsieur de Kerlivio et du Père Huby, accepta courageusement la direction de la maison de Retraite. Dieu bénit sa confiance, et plusieurs personnes ont avoué que ses entretiens familiers faisaient sur leur âme une impression plus salutaire que les sermons des plus habiles prédicateurs. Sous son active et prudente surveillance, l'ordre, le recueillement et le silence, étaient gardés dans la maison de Retraite avec une fidélité digne du couvent le plus régulier. Peu à peu elle s'associa des compagnes habiles et ferventes, capables de soutenir cette bonne œuvre après sa mort ; et, dès son vivant, elle eut la consolation de voir dans la Bretagne quatre établissements semblables au sien ([1]). Celui de Quimper, auquel nous ramène spécialement la biographie de Mademoiselle Victoire de Saint-Luc, fut une de ces maisons. Il nous reste à en dire quelques mots, avant de caractériser le genre de vie des personnes attachées par leur vocation à ces intéressantes fondations.

« Nous ne savons en quel temps, ni à quel
» âge, disent les Annales manuscrites des
» Dames de la Retraite de Quimper, Dieu
» inspira à Mademoiselle de Merméno le désir
» d'établir une maison de Retraite à Quimper ;
» Nous savons seulement que s'étant mise
» sous la direction des Pères de la Compagnie
» de Jésus, elle avait souvent assisté aux
» exercices spirituels qu'ils donnaient aux di-
» verses maisons religieuses. Elle fit aussi un
» voyage à Vannes depuis que Mademoiselle
» de Francheville y avait établi une maison
» de Retraite. Ce fut dans cette sainte maison

---

1. Mademoiselle de Francheville mourut à Vannes, en odeur de sainteté le 23 Mars 1689, à l'âge de 69 ans. Son cœur fut déposé dans l'église des Jésuites dont elle avait été l'insigne bienfaitrice, et son corps dans un caveau sous la chapelle de la maison de Retraite. Tout le diocèse pleura la mort de cette noble et généreuse chrétienne.

» qu'elle connut le Père Vincent Huby dont
» l'éminente sainteté était généralement ap-
» préciée. Après avoir fait une retraite sous la
» direction de cet homme de Dieu, Made-
» moiselle de Kerméno lui communiqua le
» projet qu'elle avait formé de fonder à Quim-
» per un établissement semblable à celui de
» Vannes. Le Père Huby approuva son dessein
» et l'exhorta à mettre sur-le-champ la main
» à l'œuvre. Il lui promit l'explication des
» tableaux moraux, les manuscrits de tous les
» exercices qui se faisaient à Vannes ; et plus
» tard, lorsque la Retraite fut établie à Quim-
» per, il lui envoyait chaque année des exem-
» plaires de toutes les instructions, litanies et
» autres pratiques de piété que Dieu lui inspi-
» rait pour honorer les mystères de notre Ré-
» demption. »

Nous n'avons point à redire ici que la fondation de la maison de Retraite de Quimper eut à passer par l'épreuve comme celle de Vannes. Nous aimons mieux faire remarquer que Mademoiselle de Kerméno, soutenue par les consolantes paroles du Père Huby, toujours obéissante aux injonctions de l'autorité diocésaine, forte d'ailleurs de la pureté de ses intentions, eut la consolation de mener à bonne fin sa pieuse entreprise, et de voir, en mourant, le 25 Décembre 1692, son œuvre assez solidement établie pour passer joyeusement au séjour de l'éternel repos. Mademoiselle de Kerméno était dans la soixante-douzième année de son âge et la maison de Retraite de Quimper était fondée depuis dix ans. C'est en effet à la date du 17 Janvier 1682 que les Dames de cette Congrégation font remonter l'origine de leur pieux Institut.

Leur but, nous l'avons déjà fait entrevoir, est de travailler à la conversion des pécheurs et au salut des âmes par les *Exercices spirituels* donnés dans leurs maisons, appelées pour cela *maisons de Retraite.* Tandis que quelques-unes de ces Dames ne s'occupent que des choses matérielles nécessaires à l'entretien de l'établissement et aux personnes qui viennent se recueillir dans leur solitude, d'autres entrent en relations plus intimes avec les retraitantes et s'intéressent directement au bien de leurs âmes. Elles les aident avec prudence et discrétion dans l'examen de leur conscience, elles président à certains exercices de piété, donnent des explications de catéchisme, font des lectures et des prières publiques, et, par toutes les saintes industries que l'expérience a confirmées, s'efforcent de rendre plus facile et plus profitable le ministère des prédicateurs et des confesseurs dévoués à leur œuvre. Un tel ensemble de moyens, auxquels la plus délicate charité ajoute une puissance infinie, opère toujours dans les âmes des fruits de bénédictions, souvent il produit de vraies merveilles de salut et de sanctification. Ni la longueur ou la difficulté des chemins, ni les rigueurs de la saison, ni les dépenses pour le voyage et pour la pension, ni l'abandon de la famille pour huit à douze jours, ni la faiblesse naturelle du sexe n'étaient des prétextes suffisants pour se dispenser de venir à la Retraite ; on voulait à tout prix goûter le bonheur dont tant d'autres se félicitaient d'avoir savouré les charmes. Dames et demoiselles de qualité, femmes du peuple et de la campagne rivalisaient de zèle, et se rendaient avec empressement au jour marqué pour les saints exercices ; et, moins de quarante ans après la fondation de ces établissements, on comptait quatre mille personnes venant chaque année faire la retraite à Vannes. Ce chiffre s'éleva même plus d'une fois jusqu'à cinq mille. Pareil concours avait lieu dans la maison de Quimper.

Malheureusement cette affluence diminua sensiblement vers la fin du XVIIIe siècle. On en comprendra facilement la cause : la coalition des sophistes avait enlevé à ces pieux asiles leurs principaux directeurs, les religieux de la Compagnie de Jésus ; et quand Mademoiselle Victoire de Saint-Luc connut la société des Dames qui se dévouaient à l'œuvre des retraites, les Pères Jésuites étaient depuis dix ans chassés de France et depuis trois ans

Liv. II, Ch. I. — La Retraite. 49

sacrifiés par le Bref de Clément XIV. L'œuvre toutefois se continuait encore ; et, à la date de 1776, on suivait fidèlement, comme par le passé, le plan des exercices fournis par le Père Huby, on faisait les méditations qu'il avait composées ; et, malgré le malheur des temps, la maison de Quimper donnait encore une douzaine de retraites par an, huit en langue bretonne et les quatre autres en français. Les unes et les autres bénies du Ciel continuaient à produire des fruits abondants de sanctification (1).

---

1. Voir Appendice : *Rétablissement des Maisons de Retraites dépendantes de Quimper.*

Chapitre deuxième.

Mademoiselle de Saint-Luc se dispose à entrer dans la Société des Dames de la Retraite à Quimper. — Obstacles. — Sa vie dans le monde. — Sa maladie. — Son esprit de mortification. — Sa vie apostolique.

MADEMOISELLE de Saint-Luc avait été singulièrement touchée du bien qui s'opérait dans la maison de Retraite de Quimper, et, comme nous le dit son premier biographe « *être associée aux fonctions des apôtres, coopérer au salut des âmes, lui paraissait au dessus de toutes les austérités corporelles* ». Elle se mit donc à réfléchir mûrement sur le puissant attrait qui l'inclinait vers ce genre de vie ; elle consulta ses guides spirituels, et surtout son saint oncle, Monseigneur l'Évêque de Quimper ; elle invoqua dans la prière et à la table eucharistique l'Esprit de lumière et de vérité. Cependant elle était toujours irrésolue, lorsqu'enfin la volonté divine parut se révéler par la voix de Monseigneur de Saint-Luc. « Ma chère nièce, lui redisait souvent le vertueux prélat, *ceux qui enseigneront aux autres les sentiers de la justice et du salut, brilleront comme des astres dans l'éternité.* Voilà de grandes paroles, ne les oubliez point ; elles sont de la Sainte-Écriture, et comprenez l'excellence de la vocation qui les réalise !... » Cette grave sentence, rappelée fréquemment à l'âme ardente de Victoire, finit par dissiper tous ses doutes ; et guidée par son illustre et saint parent, elle se décida irrévocablement pour la maison de Retraite, établie à Quimper. De retour au château du Bot, elle obtint l'agrément de sa famille, et toute son occupation fut désormais de se rendre capable d'opérer quelque bien dans cette vocation. Elle avait alors quinze ans ([1]).

Victoire connaissait suffisamment le breton pour se faire entendre dans les circonstances ordinaires de la vie ; mais sachant combien l'usage de cette langue était nécessaire dans les maisons de Retraite, elle eut recours à l'assistance de Marie et de son Ange Gardien pour la posséder à fond. Son application fut telle que, peu de temps après, il lui fut donné de composer des discours de piété parfaitement corrects et de parler breton avec une facilité merveilleuse. A l'étude de cette langue elle joignit celle du latin. Par goût et par respect pour les textes sacrés, elle désirait lire dans la langue de l'Église les paroles de

---
1. Voir page 36.

l'Évangile, les prières liturgiques et les passages des Pères et des docteurs plus ordinairement cités. Grâce à son application, grâce aux secours du précepteur de ses frères, Victoire put lire promptement, avec intelligence et consolation, la plupart des auteurs latins dont le style simple et facile exige moins d'efforts pour être compris, et dont l'onction nourrit le cœur d'une vraie et solide piété.

La littérature française avait également de grands attraits pour elle. Volontiers elle faisait des vers qui n'étaient pas sans mérite, et qu'elle sanctifiait d'ordinaire, en les consacrant à la gloire de Dieu. Privée à son grand regret du don de la voix, elle s'en consolait en entendant chanter les pieuses strophes qu'elle avait elle-même composées, et dans lesquelles l'ardeur de sa foi et de sa charité célébrait les grandeurs de Dieu, le mépris des vanités de la terre, les beautés du Ciel et son désir de l'éternelle patrie.

Appliquée à la peinture dans ses moments de loisir, Victoire montrait pour cet art un talent naturel qu'elle développa avec succès. Elle aimait à faire des tableaux de piété pour décorer les autels et, comme nous aurons occasion de le redire, elle trouvait une consolation infinie à peindre des images du Cœur de Jésus. On conserve encore à la maison-mère à Quimper, un pastel représentant les

Cœurs de JÉSUS et de Marie et plusieurs autres miniatures sur le même sujet.

Douée d'une imagination vive et brûlante, par là-même amie du merveilleux, Victoire eût été passionnée pour la lecture des romans ; mais les conseils de sa vertueuse mère et les enseignements qu'elle trouva dans la vie de sainte Thérèse la portèrent à s'interdire complètement ces dangereuses lectures. Par obéissance elle lisait les auteurs classiques qui devaient compléter son instruction, mais par choix elle s'appliquait à la lecture de la vie des Saints martyrs ; la description de leurs combats, de leurs souffrances et de leurs triomphes enflammait son zèle et son courage et la piquait d'émulation. Dès son enfance, elle montra un vif désir d'être martyre et elle ne cessa jamais de solliciter cette insigne faveur. Mourir à trente-trois ans, et pour la cause de Dieu, fut toute sa vie le double vœu de son cœur ; elle en parlait souvent dans ses intimes conversations avec une de ses sœurs. Rien assurément ne semblait faire prévoir que ces deux inestimables grâces lui seraient un jour accordées. Nous verrons comment la divine bonté exaucera Victoire.

Son zèle pour le salut des âmes lui rendait extrêmement chères la vie de saint Ignace de Loyola et celle de saint François-Xavier. La seule pensée de l'apôtre des Indes et du

Japon la mettait hors d'elle-même et la transportait d'admiration. Elle vénérait également avec tendresse deux saints missionnaires de Bretagne, Monsieur le Nobletz et le vénérable Père Julien Maunoir, dont les travaux apostoliques et les actions merveilleuses excitent encore de nos jours et à bon droit le zèle de leurs successeurs et la confiance des populations bretonnes. Enfin, à ces lectures qui l'encourageaient par le spectacle de si glorieux exemples, Victoire joignait l'étude de la théorie dans les œuvres de Louis de Grenade et d'Alphonse Rodriguez. Elle se nourrissait avec une sainte avidité et une sensible consolation des plus beaux chapitres de l'Évangile et de l'Imitation de Notre-Seigneur ; elle ornait également sa mémoire d'une foule de sentences et de maximes sacrées dont elle faisait de pieux recueils et qu'elle relisait et méditait souvent aux heures difficiles de la vie : « *Que sert à l'homme de gagner l'univers, s'il vient à perdre son âme ?* » Cette parole de JÉSUS-CHRIST, saint Ignace de Loyola l'avait fait entendre à l'oreille de saint François-Xavier, et avec quel succès ! L'histoire de l'Apôtre des Indes et du Japon est là pour l'attester. — Et ce cri sublime de la Séraphique Thérèse : *Ou souffrir ou mourir !..* Et cette sentence de saint Bernard : *Quelle honte d'être un membre délicat sous un chef couronné d'épines ?..* Et cette réflexion du Roi-Prophète : *La méditation de mon cœur, ô mon Dieu, sera toujours en votre présence !..* Tous ces élans de piété, de foi et d'amour alimentaient la ferveur de Victoire, la tenaient pour ainsi dire toute pénétrée de la divine présence et la faisaient marcher à grands pas dans le sentier de la perfection.

Madame de Saint-Luc, témoin de ces merveilleux progrès, en bénissait le Seigneur, et elle en profitait pour entretenir une précieuse émulation parmi ses enfants. A la fin de chaque semaine, elle accordait, au concours, un prix de bonne conduite, d'obéissance et d'application. D'autres mères peut-être auraient offert quelques bijoux, quelques ornements de toilette ; et combien de jeunes filles qui n'ambitionnent pas d'autres récompenses ! Victoire fixait son choix sur d'autres faveurs. La permission de prolonger son oraison, de visiter une fois de plus le Saint Sacrement, de donner son déjeûner aux pauvres, de faire usage de quelques instruments de pénitence, tels étaient les *prix* qu'elle désirait et qu'elle sollicitait ; Madame de Saint-Luc savait les accorder à sa pieuse fille dans la mesure d'une sage et édifiante discrétion.

La toilette, cette source de tant de fautes, était devenue pour Victoire un véritable supplice. Les courts instants qu'elle devait lui consacrer lui paraissaient toujours trop longs, et, pour se punir d'avoir pendant deux mois sacrifié aux vaines recherches de la parure, elle affectait parfois dans sa mise une négligence propre à l'humilier. On dit même qu'elle cherchait à s'enlaidir ; et lorsqu'elle croyait y avoir réussi, elle se montrait enchantée. Cette austérité précoce, Victoire la recommandait à ses sœurs avec une insistance qui souvent manquait de discrétion. Elle aimait ses frères et ses sœurs avec une tendresse extrême, il est vrai, et rien ne lui coûtait pour leur prouver son amour ; mais son ardent désir de les voir tous marcher dans les voies de la piété, et pratiquer comme elle les rigueurs de la mortification, dépassait souvent les bornes. Les larmes mêmes, que la sainte enfant versait sur les fautes légères qu'elle leur voyait commettre, avaient je ne sais quoi d'excessif. En un mot la vertu de notre chère Victoire manquait de patience et de bénignité. Elle oubliait qu'elle avait affaire à des enfants ; aussi dans la famille l'appelait-on *Mademoiselle le rude saint*, et lorsque ses frères et ses sœurs voulaient se livrer à leurs bruyants ébats, ils se dérobaient à ses regards pour échapper à la censure de celle qu'ils appelaient entre eux *le petit saint Jérôme*.

Dans la suite Victoire fit disparaître cet excès de rigueur et ne garda de rudesse qu'envers elle-même. Indulgente et remplie de douceur pour les autres, elle acquit peu à peu cette affectueuse et compatissante charité, qui est le grand secret des saints pour gagner les cœurs.

Les prédilections de Victoire étaient pour le cadet de ses frères, le plus jeune des enfants de la famille. Son zèle aurait voulu le voir embrasser un jour le sacerdoce, et, comme un autre Xavier, courir jusqu'aux extrémités de la terre à la conquête des âmes. Dans la naïve tendresse de son langage, elle l'appelait l'enfant de ses larmes ; et de fait, combien n'en versa-t-elle pas, pour lui obtenir la grâce de faire sa première communion avec la pureté d'un ange ? Combien d'aumônes, de prières et de jeûnes ne s'imposa-t-elle pas, pour que le Seigneur le protégeât dans les différentes circonstances de la vie, et surtout pour qu'il lui fît l'honneur de l'appeler à la carrière apostolique ? Dieu toutefois n'exauça pas les ardents désirs de Victoire. Son frère bien-aimé n'était pas prédestiné à la perfection religieuse ; mais, nous n'en doutons pas, le jeune Athanase de Saint-Luc vivant au milieu du monde a toujours fait honneur à son nom et à sa foi [1].

---

1. L'aîné des fils de Monsieur Conen de Saint-Luc, fut fusillé à Quiberon. Le chevalier Athanase, au retour de l'émigration, fut nommé successivement préfet à Quimper, à St-Brieuc, à Cahors, à Blois et à Laval. Il donna sa démission en 1830, ainsi que son fils aîné Fortuné qui, après avoir été page de Charles X, était officier aux hussards. Mort chrétiennement à Quimper le 30 Mai 1844, à l'âge de 75 ans, il laissa un petit-fils, le comte Gaston

Victoire n'avait pas encore dix-sept ans, lorsque sa santé jusqu'alors fort brillante, s'affaiblit tout à coup, ses vives couleurs disparurent, sa poitrine et son estomac éprouvèrent des souffrances dont Madame de Saint-Luc s'alarma. La vigilance maternelle ne tarda pas à découvrir que les mortifications exagérées étaient la cause du malaise de sa jeune fille. Victoire en effet, voulant imiter tout ce qu'elle admirait dans la vie des Saints, s'était procuré avec une merveilleuse adresse différents instruments de pénitence, et elle en faisait un usage vraiment indiscret. Haire, cilice, ceinture de fer, bracelets aux pointes aiguës torturaient sa chair virginale pendant le jour, et la nuit elle lui refusait le bienfait du repos, en couchant souvent sur la dure. Pour se rendre la marche plus pénible, elle glissait du sable et autres petits graviers dans sa chaussure. Quelquefois elle se mettait la tête en sang au moyen d'épingles et d'épines qu'elle savait adroitement dissimuler dans sa chevelure. Un jour on s'aperçut qu'elle se tenait difficilement à genoux ;

Conen de Saint-Luc, non marié, et un fils, Mr Émile Conen de Saint-Luc qui, marié en secondes noces, reste sans enfants. Ce dernier est propriétaire du château du Bot. Monsieur Henri de Saint-Luc, troisième fils d'Athanase n'a pas eu de garçons. Les deux seuls héritiers du nom de *Conen de Saint-Luc* sont donc le Comte Gaston de Saint-Luc fils unique de monsieur Fortuné, habitant le château de Guilguifin, et Monsieur Emile de Saint-Luc, propriétaire du Bot (Finistère).

à force d'interrogations, elle dût s'expliquer. Insatiable de souffrance Victoire avait laissé tomber sur sa chair des gouttes de cire d'Espagne brûlante, ce qui lui avait causé des plaies douloureuses et l'empêchait de s'agenouiller. Impossible enfin d'énumérer toutes les pieuses industries qu'elle employait pour se martyriser. Madame de Saint-Luc fut obligée plus d'une fois d'user de son autorité et de faire intervenir celle du confesseur de Victoire pour lui interdire l'usage de ces instruments de pénitence. — « Ma chère enfant, lui disait-elle souvent, *l'obéissance vaut mieux que le sacrifice*, » et vous serez bien plus agréable à Dieu, en renonçant à votre propre volonté, qu'en faisant des mortifications corporelles dont les supérieurs n'ont point autorisé l'usage. — Vous devez conserver votre santé, lui répétait-elle d'autres fois, pour la consacrer à Dieu sans réserve, dans l'état où vous croyez qu'il vous appelle ; et il serait indigne de sa majesté souveraine, le présent que vous lui feriez d'un corps usé avant le temps et incapable, par votre faute, de travailler à sa gloire et au salut des âmes. » Langage admirable d'une mère vraiment chrétienne. On crut donc devoir enlever à Victoire les instruments de mortification dont elle faisait un usage indiscret ; on lui interdit même pour un temps la lecture de la vie des Saints et des œuvres, d'ailleurs si sages, de Rodriguez.

Ce fut pour elle le sujet d'une amère douleur ; ces instruments de pénitence et ces chers livres étaient son plus précieux trésor, et elle disait en versant des larmes, qu'elle ne comprenait pas comment on pouvait porter le nom de chrétien sans pratiquer les mortifications dont les saints lui donnaient de si belles leçons et de si touchants exemples. L'obéissance toutefois la consolait ; et, sans se livrer à ces pénitences extraordinaires, elle savait encore faire de nombreux et pénibles sacrifices. En voici quelques traits.

Victoire était fort adroite et faisait de jolis ouvrages manuels. Eh bien ! elle les négligeait volontiers pour travailler au soulagement des pauvres. Pendant l'avent elle préparait de petites layettes pour les nouveau-nés ; c'étaient ses étrennes en l'honneur du divin Enfant. Pendant le carême elle faisait des vêtements qu'elle devait distribuer plus tard comme récompenses aux enfants du catéchisme. Avait-elle achevé le trousseau d'une petite mendiante, elle se faisait un bonheur de la revêtir de ces nouveaux habits ; puis, ramassant avec soin les misérables haillons de la pauvrette, elle les rapportait au château et les cachait dans sa chambre pour les raccommoder en secret.

Habile à dissimuler ses mortifications de table, Victoire se privait à chaque repas d'une partie de sa nourriture qu'elle distribuait adroitement aux pauvres. Croirait-on qu'elle a passé plusieurs étés sans manger de fruits ? Souvent elle gagna par ses caresses les servantes qui lui donnaient du pain grossier destiné à la nourriture des deux dogues, gardiens du château. C'était pour le substituer au pain plus délicat de son déjeûner qu'elle réservait pour ses chers pauvres. En un mot, elle se privait de tout, afin de soulager les malheureux ; et la modique pension que ses parents lui faisaient pour son entretien serait devenue complètement la propriété des indigents, si Madame de Saint-Luc n'y eût avisé, en confiant la bourse de Victoire à une de ses filles moins âgées, qui réglait les aumônes.

Heureuse de venir en aide aux nécessiteux et aux mendiants en leur procurant des vêtements et de la nourriture, Victoire cherchait encore à leur ressembler en portant elle-même des habits usés et raccommodés. Un jour Monsieur de Saint-Luc revenant de Paris, distribua à ses enfants quelques bijoux et d'assez riches parures, en souvenir de son long voyage. Victoire fut vivement affligée d'une dépense qui ne lui semblait pas nécessaire, et ne put s'empêcher de verser des larmes, en pensant au prix de ces parures et à la nécessité où elle se trouvait de s'en servir. Madame de Saint-Luc crut devoir lui recommander d'être reconnaissante pour les délicates attentions de son père ; mais, cela fait, elle la consola, en l'assurant qu'elle ne serait pas obligée de porter cette brillante parure. Trouverait-on de nos jours bon nombre de jeunes personnes auxquelles de semblables avis fussent nécessaires ?

A ce besoin de mortification, Victoire joignait encore une soif plus ardente de la justice, de la gloire de Dieu, et du salut des âmes ; comme le Roi-Prophète, elle pouvait dire qu'elle était dévorée de zèle pour la maison du Seigneur. Aussi s'affligeait-elle jusqu'à dépérir de douleur, lorsqu'elle entendait parler de quelque grand crime. Le récit d'une profanation ou d'un sacrilège la faisait fondre en larmes ; on ne pouvait la contempler sans une profonde émotion, quand, les yeux baignés de pleurs et levés vers le Ciel, elle demandait grâce et miséricorde pour les pécheurs. Dans ces élans de sainte et inexprimable douleur, elle avait besoin des douces remontrances de Madame de Saint-Luc, pour se résigner à ce que Dieu permettait lui-même et ne pas se laisser dominer par une tristesse excessive.

Le plus sûr moyen de consoler cette âme héroïque était de lui suggérer quelque nouvelle industrie capable de glorifier Dieu et de convertir les pécheurs, ou d'entrer dans les projets qu'elle ne cessait de faire avec un entrain vraiment apostolique. C'était à sa sœur, Mademoiselle Angélique, dont l'âge se rapprochait le plus du sien et pour laquelle son cœur éprouvait le plus de sympathie, qu'elle confiait ses ardents désirs et toutes les pieuses inventions de son zèle. Tantôt elle lui parlait d'établir dans toutes les paroisses des catéchistes, uniquement occupés à instruire les pauvres et à leur faire comprendre le profit qu'ils pourraient tirer de leurs peines et de leur indigence ; tantôt elle proposait une fondation de sœurs de charité pour le soulagement des malades à la campagne. Un jour elle disait : « Si nous pouvions créer de petites écoles où l'on élèverait de jeunes enfants pour la vocation ecclésiastique ? » un autre jour : « Oh ! disait-elle, combien il serait utile de fonder des missions ! facilement alors des prêtres zélés s'en iraient de paroisse en paroisse distribuer la parole de vie aux ignorants et aux pécheurs. » Tous ces plans lui semblaient aussi faciles à réaliser qu'elle était prompte à les former ; et lorsqu'elle en parlait, son visage rayonnait du feu de la charité, comme aux heures de ses plus ferventes oraisons.

Faudrait-il ajouter, qu'au désir de la conversion des pécheurs Victoire joignait celui de l'apostolat parmi les infidèles, et que pénétrée des sentiments de son cher saint François-

Xavier, elle récitait tous les jours la prière que cet incomparable apôtre des Indes et du Japon a composée pour le salut des idolâtres et des pécheurs (1)?

Les âmes du Purgatoire étaient également l'objet de sa tendre sollicitude ; plus elle comprenait le bonheur d'être uni à Dieu et de goûter sa présence, plus aussi elle compatissait aux souffrances de ces saintes âmes retenues dans les flammes expiatoires. Pour hâter leur délivrance, elle offrait au Seigneur ses prières, ses jeûnes, ses aumônes et autres bonnes œuvres ; tout en se réjouissant d'introduire plus promptement au ciel ces âmes purifiées, elle aimait à se dire qu'elle multipliait en même temps ses patrons et ses intercesseurs auprès de Dieu.

Telle était la vie de Mademoiselle Victoire de Saint-Luc au milieu du monde, au sein de sa noble et chrétienne famille. Vie admirable sans doute et condamnation de toutes ces existences futiles qui peuplent la société et l'amusent, jusqu'au jour bien vite venu où elles en deviennent la risée et trop souvent le fardeau et la honte.

Cependant l'âme de Victoire languissait

---

1. 300 jours d'indulgence ont été accordés par Pie IX à quiconque récite cette prière qui commence par ces mots : *O Dieu éternel, Créateur de toutes choses...* S. F. Xavier recommandait de la réciter souvent, mais surtout pendant le saint sacrifice de la messe.

dans cette atmosphère. Je ne sais quel aliment faisait défaut à son besoin de dévouement et de sacrifice. « *O Dieu des vertus, que vos tabernacles sont aimables ! Mon âme soupire et se consume du désir d'habiter dans la maison du Seigneur...* » Victoire souhaitait donc avec une ardeur toujours croissante de se consacrer entièrement à Dieu, et ses vœux n'étaient un mystère pour personne dans sa famille. Qui donc la retenait loin du sanctuaire? Les exigences de l'amour paternel. Monsieur de Saint-Luc, moins généreux, il faut bien l'avouer, que sa noble épouse qui déjà avait donné son entier consentement, ne pouvait se résigner à une séparation si cruelle pour son cœur. Tout son bonheur était de se voir entouré de ses enfants ; et, comme il était juste appréciateur du mérite et des vertus de sa fille aînée, il voulait retarder le plus longtemps possible l'heure du sacrifice que la religion lui imposait. Assez chrétien pour comprendre qu'il ne faut pas refuser au Seigneur un enfant que le Seigneur appelle, mais moins héroïque que Madame de Saint-Luc, il voulait temporiser, et faisait valoir avec une rigueur dont les parents sont trop souvent les premières victimes, les droits de la nature et du sang. — Non, ma fille, je ne vous refuse pas à Dieu, disait-il ; je le sais, son adorable volonté doit régler la nôtre ; mais éprouvez votre vocation, restez avec votre père jusqu'à vingt et un ans ; après ces épreuves, je vous permettrai de quitter le monde et de vous livrer dans la solitude aux labeurs des femmes apostoliques, près desquelles, dites-vous, Dieu depuis longtemps vous appelle. » Ces délais, dont plus d'un père et d'une mère, moins vertueux que Monsieur et Madame de Saint-Luc, ne comprennent pas toujours les dangers, et qui trop souvent sont inspirés par un injuste égoïsme, désolaient l'âme ardente et généreuse de Victoire, et Dieu seul a connu les prières, les pénitences et les larmes de cette jeune fille pendant ces années d'attente. Mais Dieu en même temps ne lui refusa pas son appui ; et, grâce à la Vierge Immaculée, Victoire put enfin franchir le seuil béni de la maison de Retraite, et dans ce saint asile se consacrer à la gloire de Dieu et au salut des âmes.

Chapitre troisième.

Pénurie de sujets à la Retraite de Quimper. — Victoire de Saint-Luc entre chez les dames de la Retraite. — Débuts de Victoire. — Premières joies. — Ses épreuves, — ses résolutions, — son dévouement, — sa dévotion singulière au Cœur de Jésus.

MESURE que le siècle se précipitait vers les tristes années qui allaient aboutir aux horreurs de la révolution, la Société des Dames de la Retraite de Quimper voyait diminuer le nombre de ses membres, et les vides faits par la mort ne se comblaient pas. Les menaces de l'avenir n'étaient pas faites pour multiplier les vocations religieuses. Cependant il fallait continuer l'œuvre des Retraites, et comment le faire sans sujets ? Pour en obtenir, à qui pouvait-on s'adresser avec plus de confiance qu'à celle dont le secours ne fut jamais imploré en vain ? La petite communauté résolut donc d'invoquer la puissante protection de Marie. Vers la fin de 1780 Madame du Clesmeur,

alors supérieure, accompagnée de Mesdames de Marigo et du Bérit de Saint-Alouarn, prosternée devant une statue de la sainte Vierge, honorée de tout temps dans la maison, prononça l'acte suivant de consécration. Il avait été composé par l'ami le plus dévoué de l'Institut de la Retraite, le révérend Père Le Guillou de la Compagnie de Jésus. Nous croyons devoir donner en entier cette touchante prière conservée précieusement dans les archives de la Retraite à Quimper.

« Au nom du Père et du Fils et du Saint-Esprit.

» Sainte Vierge Marie, Vierge sans tache, Mère de Jésus, mon Sauveur et mon Dieu, souffrez qu'aujourd'hui très humblement prosternée à vos pieds, je vous choisisse, suivant l'usage ancien de cette maison, au nom de toutes les personnes qui l'habitent et particulièrement au nom de mes chères compagnes, pour notre Souveraine Dame, pour notre Mère, pour notre Avocate perpétuelle auprès de l'adorable Jésus, auquel nous faisons sous vos auspices et de tout notre cœur, une offrande volontaire de nous-mêmes, avec le désir le plus sincère d'employer tous les jours de notre vie, tout ce que nous avons de forces à procurer sa gloire et le salut des âmes rachetées de son sang, par le moyen des *Exercices spirituels* dont vous avez vous-même inspiré le plan au glorieux saint Ignace, fondateur de la Compagnie de JÉSUS et l'un de vos plus fidèles serviteurs.

» C'est sous votre aimable empire, incomparable Marie, et avec le secours des grâces dont vous êtes le canal, que toutes celles qui, dociles à la voix de Dieu, nous ont précédées dans cette sainte retraite, ont eu le bonheur de s'y sanctifier, en travaillant sans relâche, avec autant de fruit que de zèle, à sanctifier les autres. Comme nous désirons avec ardeur de marcher sur leurs traces dans la route qu'elles nous ont tracée, nous vous supplions, Reine des Vierges, de nous recevoir aujourd'hui comme elles au nombre de vos sujets et de vos enfants ; et, en nous accordant la même protection, de nous obtenir les mêmes secours pour remplir la même carrière, avec le même zèle, les mêmes fruits et la même édification.

» Daignez, Mère de Miséricorde, daignez du haut du Ciel, nous vous en conjurons, jeter un regard favorable sur cette petite société qui sera toujours la vôtre ; sur moi, sur ces vierges chrétiennes qui se feront toujours un devoir d'étendre votre culte, en faisant régner JÉSUS-CHRIST dans tous les cœurs, autant qu'il peut dépendre d'elles. Puissiez-vous, Bonne Mère, toujours attentive à nos besoins, nous choisir vous-même des compagnes selon le cœur de Dieu, qui puissent réparer nos pertes ! Sans forces, presque sans expérience et en petit nombre comme nous le sommes, que pouvons-nous sans un secours spécial de votre part ? Suppléant donc par votre pouvoir à notre faiblesse, rendez-nous, entre les mains de Dieu qui fortifie les faibles, des instruments propres à procurer sa gloire ; et, comme par cet acte de consécration que nous vous prions d'agréer, nous voulons être à vous pour le temps et pour l'éternité, protégez-nous, Vierge puissante, durant tout le cours de notre vie et surtout à l'heure de la mort ; de sorte qu'après vous avoir fidèlement servie sur la terre, nous augmentions dans le ciel le nombre de vos fidèles servantes, par notre Seigneur JÉSUS-CHRIST ! Ainsi soit-il. » [1]

Cette supplication, monument sacré de la piété filiale et de la confiance des Dames de la Retraite, fut entendue de la Reine des cieux. « Le Seigneur ne tarda pas d'exaucer des « vœux qui n'avaient d'autre but que sa gloire, « disent les Annales déjà citées ; il nous fit un « beau présent en nous donnant quelque « temps après, Mademoiselle Victoire de « Saint-Luc, nièce de notre Evêque. Son no-

---

1. La statue devant laquelle fut prononcée cette touchante consécration fut emportée par Mademoiselle de Rospiec, lorsqu'elle se retira dans sa famille, après avoir été, comme ses compagnes, chassée du Calvaire, en 1792. Les Dames de la Retraite n'ont pu la retrouver.

« viciat d'un an fini et fait dans la maison
« paternelle selon notre ancien usage, made-
« moiselle de Saint-Luc quitta une famille
« dont elle faisait le bonheur et l'édification. »
Ce fut le 2 février 1782, jour fixé par le saint
Evêque de Quimper, qu'elle offrit à Dieu son
sacrifice. Victoire avait alors ses vingt et un
ans accomplis, et fidèle à sa vocation elle avait,
sans péril pour son âme, satisfait aux exigences de l'amour paternel. Parents, amis, serviteurs, pauvres et malades du voisinage, tous
versèrent des larmes à l'heure de la douloureuse séparation. On voulut toutefois éviter à
Monsieur de Saint-Luc des adieux que sa sensibilité et la faiblesse de sa santé devaient
rendre trop pénibles ; dès le point du jour,
Madame de Saint-Luc quitta en silence le
château du Bot et se dirigea vers Quimper
avec ses quatre filles. Dans ce cortège était
Victoire que son héroïque mère allait offrir à
la divine Majesté. Arrivée à peu de distance
de la Maison de Retraite et apercevant les murs
de la communauté : « *Voilà bien le lieu de
mon repos*, s'écria Victoire avec l'accent de la
plus vive tendresse, *Voilà la maison que j'ai
choisie pour ma demeure !* » C'était le chant du
triomphe qu'entonnait cette âme généreuse,
au moment où elle quittait le monde pour se
renfermer dans la solitude. Quelques minutes
après, elle franchissait le seuil du couvent, et

elle entendait sa noble mère dire à la supérieure qui les recevait : « *Je viens, Madame, vous remettre entre les mains les prémices de ce que j'ai de plus cher au monde.* » Madame du Clesmeur (1) accueillit la mère et l'enfant avec une extrême bonté, et quand les premières émotions de l'entrevue furent passées, elles se rendirent ensemble à la chapelle où Monseigneur de Saint-Luc les attendait. « Après un discours plein d'onction ce saint prélat reçut la consécration de sa nièce et célébra le saint sacrifice de la messe, où nous eûmes le bonheur de communier ainsi que la famille de Saint-Luc ; » écrit l'annaliste de la Retraite. Le jour de l'oblation était bien choisi ; c'était le jour de la purification de la Vierge-Mère et de la Présentation de l'Enfant JÉSUS au temple. Madame de Saint-Luc voulut savourer pour ainsi dire son sacrifice ; elle resta une partie de la journée avec ses filles dans la communauté, et ne se sépara de sa chère Victoire que lorsqu'il fallut retourner au Bot. Rentrée au château, la généreuse dame s'efforça d'adoucir l'amère douleur de Monsieur de Saint-Luc qui venait enfin de donner

---

1. C'est ainsi que les annales manuscrites de la Retraite nomment la supérieure. Dans le livre des *maisons de Retraite en France*, note 15, cette supérieure est appelée Madame de Marigo ; c'est inexact : Mme de Marigo ne succéda à Mme du Clesmeur qu'après la mort de cette excellente supérieure, arrivée en 1783.

son tardif mais entier consentement à l'immolation de sa fille. La foi seule pouvait apporter à leur cœur quelques légitimes consolations. Dieu, qui ne se laisse pas vaincre en générosité, n'en fut point avare et, dans sa touchante Providence, il voulut que Victoire fût, aux jours des grandes épreuves, la joie et le soutien de ses parents bien aimés, comme, depuis son martyre, elle est la plus pure gloire de son illustre maison.

Victoire se voyait donc arrivée au terme de ses vœux : toutes les barrières étaient rompues, et dans le sanctuaire de cette chère Retraite où depuis tant d'années elle désirait s'ensevelir pour glorifier le Seigneur, elle allait sans réserve travailler à sa propre sanctification et à la sanctification des autres. Pénétrée de reconnaissance envers Celui qui l'avait aidée à briser ses liens, elle ne crut pouvoir mieux témoigner sa filiale gratitude, qu'en suivant avec une fidélité parfaite le règlement de la maison et en accomplissant les plus minutieuses observances avec une sainte allégresse. Portée pour ainsi dire par la grâce, elle se livra au travail de sa vocation avec une sorte d'impétuosité qui trahissait son généreux caractère ; elle pouvait redire avec le Roi prophète : « *J'ai marché, ô mon Dieu, avec une grande joie dans le sentier de vos commandements, car vous avez dilaté mon cœur !* » Sans doute elle ne s'imaginait pas que l'heure viendrait bientôt où l'épreuve frapperait à la porte de son âme.

A peine depuis quelques mois en communauté, elle eut l'occasion d'aider efficacement ses compagnes. Une retraite bretonne avait attiré bon nombre d'auditeurs. Grâce à l'étude que Victoire avait faite, grâce surtout à son activité et à son dévouement, elle obtint les plus heureux succès près des retraitantes, en même temps qu'elle put soulager les autres directrices dont la faible santé demandait les plus grands ménagements.

Pour faire connaître à nos lecteurs le travail auquel les Dames de la Retraite sont assujetties à l'époque des Exercices spirituels, nous nous contenterons de transcrire ici L'ORDRE DU JOUR donné autrefois par les Pères de la Compagnie de JÉSUS et que l'on suit encore ponctuellement dans la Maison de Retraite à Quimper et dans celles qui en dépendent. On verra que la journée est bien remplie. Le lever est à 5 heures en été et à 5 ½ heures en hiver. A 6 heures une dame de la Retraite dit la prière du matin suivie d'une lecture de 5 minutes sur les principaux mystères de la foi. A 6 ½ heures une Dame de la Retraite fait la méditation à haute voix : on suit pour le choix des sujets l'ordre des exercices de St Ignace commençant par les grandes vérités. A 7 heures un des Pères fait une instruction sur le saint sacrifice de la messe. A 8 heures la messe, pendant laquelle on chante des cantiques. A 8 ½ heures le déjeûner. A 10 heures un des Pères fait une conférence sur les commandements de Dieu. A 11 ½ heures le dîner qui est précédé d'un court examen fait à la chapelle. Une des dames de la Retraite fait une lecture pendant le repas, tandis que ses compagnes servent les retraitantes à table. Depuis midi jusqu'à une heure, récréation. A 1 heure, une Dame de la Retraite explique un tableau ([1]) représentant un cœur dans l'état du péché, mais qui revient à la grâce par les méditations des vérités du salut. A 2 heures un des pères fait une conférence sur les sacrements. A 4 heures un sermon suivi de la bénédiction du Saint Sacrement. A 6 heures méditation faite par une Dame de la Retraite. A 6 ½ heures le souper, lecture et service de table comme pendant le dîner. A 7 heures récréation. A 8 heures une Dame de la Retraite fait une lecture d'un quart d'heure à la chapelle, récite la prière du soir et fait une courte explication d'un tableau représentant un mystère de la Passion de Notre-Seigneur. A 9 heures le coucher. Une dame de la Retraite, faisant la visite des chambres ou des dortoirs des Retraitantes, au moment où les lumières doivent s'éteindre,

---

1, Ces tableaux sont une des plus célèbres inventions du zèle des PP. Maunoir et Huby. Le P. Huby fit paraître les siens en 1675. (V. mms. biblioth. Mazarine. Paris. H. 1752.)

prononce une pieuse sentence qui varie chaque jour de la retraite. Outre ces exercices à heures déterminées, il y en a encore quelques autres dans des temps libres, où les Dames de la Retraite font des catéchismes, des dialogues et des conférences spirituelles, de manière à tenir en haleine les retraitantes et à couper court à l'ennui, à l'inaction et peut-être même à la dissipation ; car il faut compter avec toutes les difficultés dont ces agglomérations peuvent être causes ou victimes.

Persuadée avec raison que les exercices de la Retraite ne produisent de fruit qu'autant que l'on s'est pénétré soi-même des vérités qu'on enseigne aux autres, Victoire s'appliqua avec le plus grand soin à méditer les sujets qu'elle devait ensuite expliquer. Elle le fit si heureusement, que tout le monde était comme suspendu à ses lèvres, lorsqu'elle développait les points de méditation ou faisait quelque conférence familière ; la vivacité de sa foi, l'onction de sa parole étaient telles, que bientôt les retraitantes n'appelaient plus la nouvelle directrice que *la bonne, la sainte Mademoiselle Victoire.*

C'étaient les débuts de la vie apostolique de cette grande âme. Dieu les rendit faciles par les suavités et les consolations de son amour. Il en use ordinairement ainsi à l'égard de ceux qui font leurs premières armes sous l'étendard de la croix. Il les nourrit d'abord du lait des célestes consolations et leur fait remporter de nombreux et faciles triomphes. Mais le divin Époux n'endort pas ses athlètes dans les délices, et bientôt il les engage dans les sentiers de l'épreuve et de la tribulation. Victoire ne tarda pas à connaître ces mystérieuses initiations réservées aux amis préférés du Sauveur. Les dégouts et les sécheresses vinrent tout à coup assombrir la belle âme de Victoire. Aux ténèbres dont son esprit fut enveloppé se joignirent les tourments du remords et du scrupule qui bouleversèrent son cœur. « N'avait-elle pas été infidèle aux premiers attraits qu'elle avait ressentis pour le Carmel, attraits qui se réveillaient en elle avec plus de force que jamais? N'était-ce pas illusion criminelle pour sa faiblesse de vouloir partager avec les prêtres les fonctions apostoliques ? Plus d'un saint placé sur les autels avait fui ces redoutables fonctions. N'eût-il pas été plus humble et plus sage de se cacher dans un cloître, d'y prier et d'y souffrir, ignorée de tous, pour le salut des âmes ? ... » Ces pensées, disons mieux, ces tentations lui firent une impression telle, que sa santé en fut sensiblement altérée. Toutefois fidèle aux règles du discernement des esprits, qu'elle avait étudiées pour le bien des autres et qu'elle sut s'appliquer à elle-même, Victoire repoussa avec énergie le découragement et la défiance qui frappaient à la porte

de son cœur. Loin de modifier les résolutions prises dans le calme et à la lumière de Dieu, elle eut plus que jamais recours à la prière, à la méditation et aux œuvres de pénitence. Interrogeant la divine volonté, surtout aux heures bénies où, par la communion, elle devenait le tabernacle du Sauveur, éclairée en même temps par les conseils de son saint oncle, Monseigneur de Saint-Luc, elle confirma le choix qu'elle avait fait, et se fixa irrévocablement. Pendant une retraite, l'Évêque de Quimper, plusieurs fois consulté, n'avait cessé de redire à sa nièce que « *changer de vocation serait s'opposer aux desseins de Dieu sur elle.* » On ne lira pas sans intérêt, croyons-nous, les recommandations que Monseigneur fit alors à Victoire et que nous transcrivons ici textuellement d'après les Annales manuscrites de la Retraite de Quimper. « Voici des recomman-
« dations que son oncle lui fit le 21 novembre
« 1783, pour différents événements où elle
« pourrait se trouver. Il laissa ses recommanda-
« tions à sa nièce comme son testament. Je les
« ai tirées, dit l'archiviste, d'un papier écrit de
« la main de Victoire :

RECOMMANDATIONS.

1re. De ne plus revenir sur le passé, et de ne plus réitérer des confessions générales, qui ne pourraient servir qu'à me troubler.

2ᵉ. *De chérir mon état et de le défendre jusqu'à mon dernier soupir ; de ne jamais abandonner cette maison, que je n'en fusse chassée par de terribles circonstances, mais qui malheureusement peuvent se trouver, car la religion dépérit, mais qu'alors mon refuge soit le Colombier* (1).

3ᵉ. *Si j'avais le malheur de perdre le bon Père Guillou, de m'adresser au séminaire, aux plus anciens ; car c'est là que se conserveront plus longtemps la piété et l'esprit intérieur.* »

Victoire avait donc définitivement trouvé sa voie. Les décisions de son saint oncle appuyant les fortes inspirations que l'esprit de Dieu avait renouvelées dans son cœur, ne permettaient plus aucune incertitude. Vivement encouragée par les textes sacrés qui montrent la valeur des âmes et les récompenses accordées aux apôtres, elle voulut, dans la mesure de sa vocation, devenir un instrument actif de la divine miséricorde. Instruire, consoler, toucher les âmes au prix de tous les sacrifices, ce fut désormais la passion de sa vie.

Les retraites étant par excellence l'œuvre de la société à laquelle elle s'était consacrée, Victoire attendait avec une sainte impatience les diverses époques où se donnaient les *Exer-*

---

1. Le Colombier, un des deux monastères de la Visitation, à Rennes, celui où Victoire fut pensionnaire à l'époque de sa première Communion, (vid. sup. p. 13.)

cices spirituels, et la joie éclatait sur ses traits et dans toute sa personne, lorsqu'elle voyait les retraitantes arriver en grand nombre à la communauté. Loin de l'effrayer, le travail ne faisait qu'exciter son dévouement et son aimable entrain. Elle multipliait en même temps ses prières pour obtenir les lumières divines et l'onction de la grâce en faveur des ouvriers évangéliques et des âmes auxquelles leur parole s'adressait; et, quand la retraite était finie, elle récitait avec une nouvelle ferveur les invocations d'usage dans la société pour la persévérance des âmes renouvelées par les Saints Exercices

A l'exemple du Bon Pasteur elle recherchait les brebis les plus éloignées et les plus malades; elle avait le talent et la pieuse industrie d'attirer les plus grandes pécheresses, et, grâce aux charmes de son zèle et de sa douceur, elle parvenait d'ordinaire à toucher les cœurs et à les convertir.

Victoire, est-il nécessaire de le dire, ressentait une joie extrême lorsqu'elle avait retiré du vice quelques malheureuses abandonnées. Pour les mettre à l'abri de nouvelles rechutes, elle continuait à leur prodiguer ses conseils, et, au besoin, savait leur procurer des ressources suffisantes pour les arracher aux périls et aux hontes de la séduction et de la pauvreté.

L'usage de servir à table les retraitantes

était particulièrement cher au cœur de Victoire. Elle remplissait ces modestes fonctions avec une douce joie et un empressement religieux qui édifiaient tout le monde. Sous l'action de la grâce et dominée par l'esprit de foi, elle considérait les retraitantes, les pauvres paysannes bretonnes aussi bien que les grandes Dames, comme ses sœurs en JÉSUS-CHRIST, et les servait avec une respectueuse et tendre charité. Elle aimait à se dire que ces personnes, dont elle se faisait volontairement la servante, étaient plus agréables qu'elle aux yeux du divin Maître, et, qu'après tout, JÉSUS-CHRIST s'étant prosterné aux pieds même de Judas, n'avait pas sans motif recommandé à ses apôtres cette leçon d'humilité et de charité.

Parmi les retraitantes se trouvaient quelquefois de toutes jeunes filles, amenées à dessein par de ferventes chrétiennes pour qu'on les préparât à leur première communion. C'était un surcroît de travail ; mais volontiers Victoire s'en chargeait ; la candeur de sa belle âme l'inclinait tout naturellement vers ce premier âge de la vie, et ses compagnes, qui le savaient bien, lui confiaient de préférence ce délicat ministère. A l'exemple de Notre-Seigneur, qui invitait les petits enfants à s'approcher de Lui, Victoire se voyait avec bonheur entourée de ces chères petites, elle leur prodiguait les soins les plus tendres et les plus intelligents pour les préparer à la réception des saints mystères; et, lorsque le grand jour était venu, elle rayonnait de bonheur et de joie, et partageait avec ses protégées les délices de la table Eucharistique.

Mesdames ses sœurs venaient-elles la visiter, Victoire s'empressait avec un zèle tout maternel autour de leurs jeunes enfants ; elle leur parlait tendrement de Dieu, leur faisait réciter leurs petites prières ou du moins bégayer le nom adorable de Jésus et invoquer celui de la Vierge-Mère ; puis les prenant entre ses bras, elle les portait à la chapelle, leur faisait baiser respectueusement les marches du sanctuaire et les offrait à Notre-Seigneur avec une ferveur inexprimable. Alors aussi elle demandait au divin Maître qu'il daignât leur conserver l'innocence baptismale, et choisir quelques-uns de ses neveux pour marcher sur les traces de son cher saint François-Xavier, et quelques-unes de ses nièces pour devenir ses virginales épouses dans la vie religieuse [1].

---

1. Ces vœux furent en partie exaucés. Deux de ses nièces, Angélique et Victoire de Silguy se donnèrent au Seigneur. Angélique fit sa consécration chez les dames de la Retraite le 4 septembre 1812, et mourut saintement à Lesneven, le 7 Octobre 1866, à l'âge de 74 ans.

Elle était née le 18 Mars 1792 de Monsieur Toussaint de Silguy et de Melle Angélique Conen de Saint-Luc, sœur de notre Victoire. Dès l'âge de sept ans Angélique parlait déjà de se donner à Dieu, et son bonheur, quelques années plus tard, était d'enseigner le catéchisme aux petits enfants.

Victoire avait un grand attrait pour assister les mourants, et par ses pieuses exhortations elle savait leur adoucir les heures si redoutables de l'agonie. Dieu lui ménagea dans la maison même de la Retraite à Quimper l'occasion d'exercer ce précieux dévouement. Une pauvre fille hydropique s'était retirée dans cette communauté et son état de souffrances était pitoyable. Victoire la visitait souvent et la consolait par ses douces paroles. Peu à peu elle lui inspira la patience et la résignation, et la disposa à faire généreusement le sacrifice de sa vie. Ce sacrifice, toujours si difficile à notre pauvre nature qui, en dépit de la misère et de la douleur, s'attache obstinément à cette vallée de larmes et semble dédaigner les joies éternelles de la vraie patrie, Victoire eut la conso-

---

Victoire de Silguy est décédée pieusement en 1820 chez les Dames du Sacré-Cœur à Quimper. Jeune fille, elle aimait passionnément les divertissements du monde dont heureusement elle ne connaissait pas les dangers ; et la priver d'une partie de danse était lui imposer le plus rude sacrifice. La mission prêchée à Quimper par le Révérend père Gloriot et plusieurs autres religieux de la Compagnie de JÉSUS, fit une telle impression sur Victoire de Silguy, qu'elle dit aussitôt un éternel adieu au monde et à ses joies frivoles, et voulut se consacrer sans réserve au Seigneur. Ardente et zélée comme sa tante, elle ne fit qu'apparaître au Noviciat d'où le Seigneur l'appela au ciel dans la vingt-quatrième année de son âge. Cependant le souvenir de ses vertus est resté vivant et d'une grande efficacité parmi les personnes qui ont eu le bonheur de la connaître et de l'apprécier. Actuellement encore plusieurs membres de la même famille glorifient Dieu dans le sanctuaire de la vie religieuse..... La discrétion nous oblige à ces laconiques indications.

lation de le rendre doux et méritoire à la malheureuse, dont elle s'était constituée la pieuse et dévouée servante. Grand et sublime ministère, auquel les chrétiens de nos jours doivent s'efforcer d'être d'autant plus fidèles, qu'un trop grand nombre de parents abandonnent les moribonds sans s'inquiéter du salut de leurs âmes, et, chose plus horrible, que des émissaires de Satan, liés par des pactes sacrilèges, travaillent à peupler l'enfer, en écartant du chevet des malades les ministres du pardon et de la miséricorde.

Accoutumée chez ses parents à panser les plaies des infirmes qu'elle visitait ou qui se faisaient traîner au château, Victoire eût bien désiré continuer cet exercice de charité ; sa Supérieure le lui permit à l'égard de quelques malheureux, mais le nombre en étant devenu trop grand, et les soins qu'ils exigeaient la détournant de ses autres obligations, elle dut y renoncer. Elle s'en dédommagea en faisant avec plus d'ardeur l'aumône spirituelle, en consolant, en instruisant les pauvres, et en répandant des livres de piété dont la lecture, disait-elle, est une prédication muette, mais des plus éloquentes et des plus riches en fruits de salut.

Tandis que Victoire se dépensait pour le soulagement des infirmes et des malheureux, et que par ses délicates prévenances elle édifiait en même temps les retraitantes et les personnes étrangères à la communauté, elle était en même temps le modèle de ses compagnes. La bonté, l'amabilité de son caractère, voire même ses fréquentes distractions, en lui gagnant tous les cœurs, répandaient autour d'elle cet entrain et cette joie charmante, fruits de la vraie charité, âme et soutien des maisons religieuses.

Les préoccupations de sa piété et de son zèle causaient le plus souvent ses distractions; on peut même dire qu'elle ne perdait jamais de vue la présence de Dieu ; mais ces innocentes rêveries, si édifiantes qu'elles fussent, avaient le tort de l'arracher momentanément à la vie pratique. C'est alors que quelques plaisanteries de ses compagnes la ramenaient à l'ordre. Un bon mot, une fine et délicate saillerie réveillaient l'âme absorbée de Victoire, qui riait bien vite et de bon cœur du trait lancé par la main fraternelle ; toutes ses compagnes souriaient aimablement avec elle, au grand profit de la commune joie et sans détriment de la charité.

Le peu de temps laissé à sa disposition était consacré à la lecture des ouvrages que Monseigneur de Saint-Luc lui conseillait, et aux travaux manuels usités dans toute communauté régulière. Grâce à une disposition naturelle et aux leçons qu'elle avait pu recevoir, elle maniait le pinceau avec quelque succès. Sa dévotion envers le Sacré-Cœur de Jésus la portait surtout à peindre de pieux emblèmes de ce divin Cœur, et elle les donnait avec profusion. Nous verrons plus tard que ces inoffensives et saintes largesses furent les principaux chefs d'accusation et de condamnation de cette vraie zélatrice du Cœur de Jésus.

La piété avec laquelle Victoire s'appliquait à peindre et à propager l'image de Notre-Seigneur n'était que le rayonnement de sa dévotion envers la personne adorable de Jésus-Christ. Elle eût voulu le visiter à toute heure au sacrement de son amour. Une sorte d'instinct sacré l'entraînait incessamment, surtout aux jours de communion, vers le sanctuaire ; elle ne passait guère devant la chapelle, sans y faire une courte halte, pour saluer, adorer son Bien-Aimé et lui recommander les pauvres pécheurs. Ne pouvait-elle, à cause de ses occupations, rendre au divin Captif des visites aussi fréquentes qu'elle le voulait, elle déposait son cœur près du tabernacle, elle fixait ce trésor de ses pensées et de son amour aux pieds de Jésus, et répétait souvent, avec l'élan de la foi la plus vive et de la plus filiale tendresse, ces versets du psalmiste : « *Vos autels sont ma demeure, ô mon Roi, ô mon Dieu !... Heureux ceux qui habitent dans votre maison, Seigneur !! Ils vous loueront dans les siècles des siècles !!* »

Chapitre quatrième.

Extraits des réflexions de Victoire pendant ses retraites de 1784 et de 1786. — Maladie. — Convalescence. — Nouvelle maladie. — Fruits que Victoire retire de ses souffrances.

L'ANNÉE 1786 avait fait éclater plus d'un symptôme alarmant. Le philosophisme grandissait et avec lui l'irréligion qui en était la triste et nécessaire conséquence. Le plan de la prétendue réforme ecclésiastique signé à Ems le 25 août, les audacieuses entreprises de l'empereur d'Allemagne, Joseph II, contre l'Église catholique affligeaient sensiblement les vrais chrétiens et commençaient à réaliser les prédictions que le saint Évêque de Quimper avait faites à sa nièce dans ses recommandations du 21 novembre 1783 [1]. Victoire sentait donc le besoin de se fortifier de plus en plus dans l'esprit de sa vocation ; la perspective des calamités qui devaient bientôt fondre sur la France, ne pouvait que l'exciter à se

---

1. Voir page 78.

rendre chaque jour plus digne de souffrir pour Jésus-Christ et son saint état. En 1784 elle avait fait les *Exercices spirituels* sous la direction de Monsieur Louis de Penanros, ancien religieux de la Compagnie de Jésus (1) ; cette année 1786 elle venait de retremper son âme dans les mêmes exercices sous la douce et paternelle conduite de son oncle, le vénérable Évêque de Quimper.

L'annaliste de la maison de Retraite parlant de ces deux années, écrit : « J'ai sous les « yeux les résolutions de cette pieuse Victoire « à la suite de ses retraites de 1784, et de 1786. « Je ne puis résister au désir d'en citer quelques « fragments, ils édifieront nos lecteurs. » Persuadé nous aussi que ces modestes pages pourront faire du bien aux âmes, nous transcrivons les fragments cités dans le manuscrit de la pieuse archiviste. Leur longueur ne nous empêchera pas de regretter les autres fragments passés sous silence dans le manuscrit, et dont

---

1. Le malheureux Louis XV avait eu la faiblesse, en novembre 1764, de céder aux instigations de son parlement et de signer l'arrêt de bannissement de la Compagnie de Jésus.—On sait que le souverain pontife, Clément XIV, poussé à bout par la coalition des rois, crut devoir pour la tranquillité des nations sacrifier la Compagnie de Jésus en 1773.— Les événements ne tardèrent pas à prouver quels étaient les véritables artisans de la révolution. La Compagnie de Jésus supprimée, c'était détruire une des plus fortes digues, et précipiter le torrent dévastateur. — Ceux qui de nos jours encore s'acharnent contre le même ordre religieux n'ont pas d'autre but.

sans doute il est désormais impossible de retrouver les originaux.

« Monsieur de Penanros m'a exhortée de
» m'appliquer avec un grand zèle à toutes les
» choses qui sont de mon état, remerciant
» sans cesse le Seigneur de la grâce infinie
» qu'il m'a faite de m'y appeler, offrant avec
» ardeur le sang et les mérites de la Passion
» et de la Croix de JÉSUS-CHRIST, pour les
» personnes qui font la retraite, et les recom-
» mandant très spécialement aussi à la très
» sainte Vierge.

« Tâcher d'être bien attentive aux moindres
» petites choses qui regardent mes devoirs,
» ne négligeant rien, ne me dispensant de rien,
» animant tout par des vues surnaturelles et
» m'acquittant de chaque chose de la manière
» la plus parfaite. Pour ce qui regarde mes
» exercices, il m'a singulièrement recomman-
» dé de m'appliquer toujours à les bien ap-
» prendre, de me les être redits (*sic*) et de les
» savoir toujours imperturbablement avant
» que chaque retraite commence (1) ; si je les
» sais bien, je les dirai aussi certainement

---

1. Il est ici question des petites conférences et instructions que les directrices dans les maisons de Retraite ont l'habitude de faire à certains moments de la journée. Le bon sens et l'esprit pratique de l'ancien Missionnaire ont dicté ces recommandations, et Victoire de Saint-Luc, en s'y conformant, prouva une fois de plus la droiture de son intelligence et son estime de la vraie spiritualité.

» beaucoup mieux et ils feront beaucoup de
» fruits. C'est une petite fidélité gênante qu'il
» me commande en esprit de pénitence et
» dont il me défend de me jamais dispenser.

« De m'appliquer à faire toutes mes actions
» avec une nouvelle ferveur, animant tout
» d'une grande pureté d'intention. Que Dieu
» soit le principe et la fin de mes actions, et
» que la grandeur du Maître que je sers anime
» mon courage, tâchant de combattre le dégoût,
» la nonchalance et la tiédeur qui peuvent se
» glisser à la longue, en étant obligée de faire
» toujours les mêmes choses. Cette vie uni-
» forme et commune devient, dit saint Louis
» de Gonzague, une grande pénitence, et c'est
» l'exacte et fervente fidélité à s'acquitter des
» moindres choses qui sanctifie et conduit à
» une sublime perfection, Dieu ayant moins
» égard à ce que nous faisons qu'à la manière
» dont nous le faisons, à l'esprit qui nous
» anime ; et je puis (à ce que m'assure Mon-
» sieur l'abbé,) avoir autant de mérites à faire
» mon petit catéchisme, que les missionnaires
» dans leurs fonctions évangéliques, si je le
» fais avec plus de zèle et d'amour. » Paroles
d'or et bien encourageantes pour toutes les
âmes, quelle que soit leur vocation.

Victoire avait un grand attrait pour le
jeûne et en général pour toutes les austérités
corporelles ; aussi n'acceptait-elle qu'avec

répugnance la direction de sa supérieure qui était loin de lui donner champ libre sur l'article des mortifications. C'était évidemment une grave imperfection. Elle en convint dans sa retraite de 1786. Voici les réflexions que l'esprit de Dieu lui inspira : « Non, plus de
» réserve, ô mon Dieu, dans l'holocauste que
» je veux vous faire de ma propre volonté.
» Cette attache à mon sens pour ce qui regarde
» l'article de jeûne était cet Isaac chéri dont
» je ne pouvais me résoudre à vous faire le
» sacrifice ; c'était cet Agag que je me réser-
» vais et que je ne voulais pas vous immoler ;
» c'était comme la peau de la victime que je
» voulais dérober ; mais c'en est fait encore
» une fois, je me rends, et je ne m'écarterai
» plus des voies de l'obéissance ; *Juravi*, je
» l'ai promis et je l'ai résolu à vos pieds ; coûte
» que coûte, je ne rétracterai point la parole
» que j'ai donnée. *Que veux-je au Ciel, et que*
» *désiré-je sur la terre, sinon de vous plaire et*
» *de faire sur la terre votre sainte volonté ?* On
» me dira de votre part: Obéissez, que c'est un
» sûr moyen de vous être agréable, que *vous*
» *aimez mieux l'obéissance que le sacrifice.*
» J'obéirai donc, pour vous plaire, simplement,
» sincèrement, sans user de réserve, joyeuse-
» ment, s'il est possible, sans rien faire paraître
» à l'extérieur de mes répugnances et de mes
» violences. *Obediam.* J'obéirai, et parce qu'on

» le veut, et de la manière qu'on le veut, et
» pour tout le temps qu'on voudra. Quand on
» se tromperait par rapport à moi, je ne me
» tromperai pas en suivant l'obéissance. O
» mon divin JÉSUS, qui avez mieux aimé per-
» dre la vie que l'obéissance, aidez-moi. Vous
» savez qu'il m'en coûte, mais vous voyez mon
» cœur ; et ma consolation est que vous savez
» bien que c'est uniquement pour vous plaire
» que je me rends à l'obéissance. Daignez
» donc, je vous en conjure, l'avoir pour agréa-
» ble, et me faire la grâce d'y persévérer avec
» courage pour votre amour. Ainsi soit-il. »

L'annaliste fait remarquer ici avec une candeur charmante *que Victoire de Saint-Luc entendait joliment le latin.* La démonstration n'est pas péremptoire, si elle ne s'appuie que sur les textes cités. Mais nos lecteurs conviendront avec nous, et non sans quelque consolation, que la sainteté de Victoire fut laborieusement acquise. Il nous plaît de constater que cette âme généreuse eut à triompher de plus d'une répugnance ; et elle prouva par son expérience la vérité de cette parole de Saint Ignace de Loyola : *Qu'il est plus difficile de soumettre l'esprit que de mater la chair ; mais, qu'avec la grâce du Seigneur, on peut venir à bout de tout.* Grande leçon de courage et de confiance pour tous.

C'est vers la fin de 1778 que Victoire fit

une maladie dangereuse dont ses compagnes furent vivement alarmées. Le mal, un moment arrêté, reprit sourdement sa marche et dégénéra en un état de langueur qui ne fit qu'augmenter les inquiétudes de la communauté. On crut devoir l'attribuer au peu de précautions que Victoire prenait dans ses travaux de peinture et aussi à ses imprudentes austérités. Se rassurant, croyons-nous, plus qu'il ne convenait, sur les permissions qu'elle arrachait, pour ainsi dire, à son oncle, la fervente directrice se livrait aux rigueurs de la pénitence avec une sorte d'exaltation qui menaça d'être contagieuse. Plus d'une fois en effet elle parla avec une telle éloquence des délices qu'elle goûtait en se livrant à ses austérités, qu'une de ses compagnes désira marcher dans la même voie et voulut macérer son corps et le torturer à l'excès. Ce n'était point la volonté de Dieu, et elle le comprit bientôt au trouble que ce nouveau genre de vie fit naître dans son âme et au dépérissement de sa santé. Avertie par ces signes manifestes, la trop docile imitatrice de Victoire reprit ses habitudes ordinaires et ne se permit d'autres mortifications que celles autorisées par ses supérieurs. Avec l'obéissance reparurent presque aussitôt la joie et la santé. La guérison de Victoire fut moins prompte ; aussi la supérieure fort inquiète de la tournure que prenait le mal, lui offrit-elle d'aller au sein de sa famille passer tout le temps nécessaire pour recouvrer sa santé profondément altérée. La généreuse malade remercia avec tendresse son excellente supérieure, et la pria d'agréer qu'elle restât dans la communauté. Il lui semblait que ce sacrifice, d'ailleurs très pénible à son cœur, serait d'autant plus agréable à Dieu qu'il était dans l'esprit de la Société et qu'elle voulait, autant que possible, éviter toute exception. Une demande si religieuse fut exaucée, Victoire resta au milieu de ses compagnes, qu'elle ne cessa d'édifier et d'encourager par son angélique patience, par sa parfaite soumission à la divine volonté. Jamais, pendant ses longues souffrances, on ne l'entendit proférer une parole de plainte, et elle ne montra de répugnances que pour accepter les soulagements qu'on voulait apporter à son mal. Cependant des douleurs plus insupportables encore succédèrent à cette espèce de marasme ; il semblait que tous les membres de la pauvre infirme se disloquaient ; crises nerveuses ou convulsions, de quelque nom qu'on veuille les appeler, c'était un terrible martyre pour le corps de la patiente, c'était une plus douloureuse agonie pour son âme. Résignée toutefois et saintement joyeuse au milieu même de ces cruels accès, elle ne se plaignait que d'être à charge à ses dévouées compagnes. La pensée qu'elle fatiguait les autres, était peut-être le plus puissant motif pour elle de désirer le rétablissement de sa santé. Dieu, en lui rendant les forces, avait un autre dessein : Il voulait ménager à Victoire l'occasion de se dévouer encore, et se réservant à lui-même cette innocente victime, il devait par de plus cruelles épreuves la préparer aux honneurs du martyre.

Chapitre cinquième.

Monseigneur de Saint-Luc. — Son dévouement à la cause Catholique. — Maladie. — Guérison. — Ses relations paternelles avec les Dames de la Retraite. — Sa sainte mort.

DANS les pages précédentes nous n'avons parlé de l'Évêque de Quimper qu'avec la sobriété imposée au biographe de Victoire. Qu'il nous soit permis de nous mettre un peu plus au large dans ce chapitre, où nous voulons raconter les derniers jours du saint prélat. Ce récit d'ailleurs ne nous fera pas complètement oublier notre sujet. Tout en nous édifiant à l'endroit des vertus épiscopales de Monseigneur de Saint-Luc, il nous rappellera les relations intimes de l'illustre évêque avec la Retraite de Quimper et nous initiera aux terribles événements dont Victoire fut la glorieuse victime.

Monseigneur de Saint-Luc fut sans contredit un des évêques de France qui sentit le plus vivement les maux de la religion et les malheurs de la monarchie. Déjà en 1776, à l'époque du Jubilé, il avait fait preuve d'un courage vraiment apostolique en dénonçant du haut de la chaire, en face de l'immense auditoire de sa Cathédrale, les perfides et sacrilèges projets des sociétés secrètes ; et les menaces de ces sectaires, loin d'intimider le pontife, n'avaient fait qu'attacher plus intimement le bon pasteur à son troupeau. « *Je ne crois pas*, répondit-il à » l'envoyé de Louis XVI qui lui proposait un » autre siège épiscopal, *je ne crois pas que les* » *traverses et les persécutions soient un motif* » *suffisant pour quitter l'Église de Quimper ;* » *je lui resterai fidèle, quand même il m'en* » *coûterait la vie.* » Les années suivantes Monseigneur continua à montrer la même énergie ; il refusa de s'associer à des mesures qu'il trouvait aussi contraires aux droits de l'Église qu'à l'autorité du roi. Les événements ne prouvèrent que trop combien il avait raison (1).

Vivement ému par la vue des symptômes de bouleversement qui devenaient chaque jour plus effrayants, Monseigneur tomba malade le 9 avril 1789 ; le mal prit bientôt de tels caractères de gravité, que l'on désespéra de sa vie. Voyant lui-même le danger augmenter, il demanda que la sainte Eucharistie lui fût administrée avec le cérémonial des Évêques.

---

1. Voir à l'appendice I, les détails donnés par Mr Boissière, « *Monseigneur de Saint-Luc et les Francs-maçons de Quimper en 1776.* »

Son désir fut exaucé. Le premier dignitaire de sa Cathédrale vint donc, à la grande édification de tout le monde, suivi de tous les chanoines et autres ecclésiastiques, lui apporter la sainte communion. Toute la pieuse assemblée fondait en larmes, en contemplant le vénéré pontife sur son lit de souffrances, prêt à quitter son troupeau dans des circonstances si critiques pour la religion. Inspiré évidemment par cette considération, le premier dignitaire crut devoir redire au prélat les touchantes paroles des disciples de saint Martin : « *Cur nos deseris ? aut cui nos desolatos relinquis ? Invadent enim gregem tuum lupi rapaces... Mane nobiscum !* » (1) Sans répondre à cette filiale supplication, le saint Évêque se contenta d'adresser à son chapitre un discours concis mais tout de feu, dans lequel il exprima les sentiments qu'il avait toujours eus pour chacun de ses membres, les remerciant de ceux qu'ils lui avaient conservés, et s'abandonnant entièrement à la volonté de Dieu pour le temps et pour l'éternité. Mais à peine le clergé s'était-il retiré, que le malade, appelant son secrétaire, lui dit d'un ton de voix inexprimable, mais où l'on sentait un mélange de mécontentement

---

1. L'allocution fut faite en latin ; voici le sens du passage cité : « O Père, pourquoi nous abandonnez-vous ? à qui nous confierez-« vous, pauvres désolés que nous sommes ? Des loups ravisseurs « envahiront votre troupeau... Restez avec nous !..

et de douceur : « *Mon cher ami, ne manquez
« pas de recommander à Monsieur D. (le Doyen
« des Chanoines) de se réconcilier avec Dieu
« avant de célébrer la messe. Comment a-t-il osé
« flatter un misérable pécheur, au moment où
« il va paraître devant Dieu ?* » Ce trait à lui
seul suffirait pour caractériser l'humilité du
saint Évêque. A peine la cérémonie terminée,
les grands vicaires, d'accord avec le chapitre,
ordonnèrent que le Saint-Sacrement fût exposé pendant trois jours consécutifs, pour
demander à Dieu le rétablissement d'une si
précieuse santé. Avant d'exaucer les prières
des fidèles, le Seigneur permit que le malade
parvint jusqu'aux portes du tombeau. Déjà on
avait sonné l'agonie, et au milieu du deuil
général on se préoccupait des dispositions à
prendre pour la sépulture, quand tout-à-coup
un mieux sensible se déclara. A la douleur
des habitants de Quimper et de tout le diocèse
succéda une vive allégresse ; le mieux continua, et après quatre mois de souffrances le
pieux évêque apparut un dimanche à sa
cathédrale pour assister aux Vêpres. Personne
ne s'attendait à cette consolante surprise. Les
chanoines transportés de joie entonnèrent
spontanément le *Te Deum*, auquel les assistants
également surpris et reconnaissants, s'associèrent avec enthousiasme ; il est plus aisé de
sentir que d'exprimer l'impression produite

sur tout le monde par cette scène attendrissante : elle fait, disons-le avec bonheur, l'éloge du saint Évêque, de ses fidèles coopérateurs et des habitants de Quimper.

Cependant les événements politiques se précipitaient de jour en jour d'une façon plus alarmante ; et la faiblesse du roi donnait d'autant plus d'audace au parti révolutionnaire que plus grande était l'hésitation de Louis XVI à réprimer les empiètements de ce parti. Monseigneur de Saint-Luc ne le voyait que trop bien, et son âme était plongée dans une amère tristesse, non seulement à la vue des ravages dont son troupeau était déjà victime, mais bien plus encore des affreux malheurs qui allaient fondre sur la France. La défection d'un certain nombre de prêtres, le renversement des autels et du trône dont il avait le douloureux pressentiment, les scandales dont il était depuis longtemps témoin et dont en plusieurs circonstances il faillit être victime, — plus d'une fois en effet sa vie fut menacée, — tout cela faisait sécher de désolation le pieux et vénéré prélat et ébranlait visiblement sa santé.

Une de ses plus douces distractions était de venir passer quelques instants dans la maison de Retraite, au milieu des ferventes directrices dont il avait tant de fois encouragé le dévouement. Tous les jours il s'y rendait en récitant on chapelet ; il lui semblait que là, entouré de ces âmes d'élite, il retrouvait une nouvelle vigueur et quelque légitime consolation. Dans l'abandon paternel de ses entretiens, il déployait les progrès de la révolte contre Dieu et contre la royauté ; il conjurait ses chères filles de joindre leurs supplications, leurs pénitences aux siennes afin d'apaiser la colère de Dieu... *Ce bon prélat,* disent les Annales déjà citées, *que nous aimions comme le Père le plus tendre, avait banni de chez nous le cérémonial pour le recevoir. Lorsque nous étions à l'oraison du soir, il montait à la tribune et n'en sortait que pour se rendre avec nous au réfectoire. Ses entretiens brûlants d'amour de Dieu ranimaient notre courage et nous procuraient en même temps le plus agréable délassement. Que de veilles, que de pénitences, que de prières n'offrit-il pas pour détourner de dessus notre pauvre patrie la colère du Tout-Puissant ! Il passait souvent une partie des nuits dans son église cathédrale, prosterné devant le Saint-Sacrement. Un soir qu'il était sorti seul de chez lui, après que tous ses gens furent couchés, il se rendit dans une chapelle dévote dédiée à la sainte Vierge et située au pied de la montagne qui domine la ville de Quimper* (1). *Il fut aperçu revenant à son palais avant le jour, les pieds nus et ayant la corde au*

---

1. Cette chapelle, détruite par les révolutionnaires, s'appelait *Piniti*.

cou. Il venait de s'offrir en sacrifice pour son cher troupeau.

Après les attentats des 5 et 6 octobre 1789, contre le roi et la reine à Versailles, Monseigneur de Saint-Luc, pénétré de douleur, multiplia ses visites à la Retraite. Plus d'une fois on le vit verser des larmes dans la chapelle de ces Dames. Plus que jamais effrayé des malheurs de la France, il préparait Victoire et les autres directrices à boire jusqu'à la lie le calice d'amertume qui leur était réservé. Un soir, c'était peu de temps après les fatales journées d'Octobre, il leur parlait avec un accent de plus profonde tristesse, mais aussi avec toute la fermeté du pasteur qui veut sauvegarder son troupeau et l'encourager en face même du péril. Monseigneur avait eu connaissance de quelques-unes des prophéties du bienheureux Benoît Joseph Labre. « *Tout ce que vous voyez n'est rien, mes chères filles, s'écria-t-il à plusieurs reprises ; les maux les plus affreux vont fondre sur notre coupable patrie... J'ai lu les prédictions de Benoît Joseph Labre qui font frémir ! Il doit arriver des choses épouvantables... Notre Saint-Père conserve ces révélations ; il ne veut pas qu'on en parle avant leur accomplissement.* » Je rapporte ces paroles, dit l'archiviste, d'après le témoignage de Madame Marie Esprit de Larchantel qui était présente et qui s'en souvient comme si le fait venait de se passer aujourd'hui devant elle. Le saint pontife, en faisant allusion à ces prédictions du bienheureux Labre ([1]), paraissait écrasé sous le poids des malheurs de la France, mais en même temps il avait l'attitude du père le plus dévoué et le plus compatissant. Prêt lui-même à tous les sacrifices, il excitait ses chères filles de la Retraite à lutter contre l'orage, fidèles à la Sainte Église et à leur vocation. « Mettez toute votre confiance en Dieu seul, leur disait-il ensuite avec toute la tendresse de son cœur, et souvenez-vous que le Seigneur n'abandonne pas ceux qui mettent leur espoir en lui. »

Cependant la révolution multipliait ses attentats contre la religion et contre la royauté. Les comités, les clubs du Finistère et des autres provinces du royaume exaltaient les têtes des patriotes, insultaient la foi des populations et attaquaient perfidement les éloquentes et dignes protestations des évêques et du clergé français. Déjà des scènes de violence avaient eu lieu, à propos de la prestation du serment civique refusé par les prêtres fidèles ; et Monseigneur de Saint-Luc avait pu entendre des soldats *patriotes* et, à leur suite, une troupe de forcenés, demander à grands cris qu'on l'arrachât de son palais, *qu'on le promenât sur un*

---

[1]. Benoît Joseph Labre a été béatifié par Pie IX en 1860. Les solennités de la canonisation décrétée par Léon XIII ont été célébrées le 8 décembre 1881.

âne, qu'on *l'amenât mort ou vif, qu'on lui coupât le cou !* Et pourquoi ? parce qu'il n'avait pas voulu dans sa cathédrale présider à une cérémonie plus faite pour déshonorer le culte catholique et propager la révolte que pour encourager le sincère amour de la patrie (1).

C'était pendant le mois d'Août 1790 que Monseigneur avait ainsi, au péril de sa vie, protesté contre ces démonstrations hypocrites de dévouement à la religion et à la cause patriotique. Le saint Évêque ne pouvait se faire illusion et il voyait bien que toutes ces menées allaient aboutir au renversement du trône et de l'autel. Son amour pour l'Église et la France soutenait ses forces morales, mais la douleur minait sa santé depuis longtemps déjà compromise ; et sans aucun doute il avait le pressentiment de sa fin prochaine. Il voulut donc une dernière fois visiter ses chères filles de la Retraite. C'était peu de jours après la réception de la *Bannière* du département et le triste *Te Deum des patriotes.* « Je viens encore une fois, mes chères filles, dit le bon pasteur, visiter mon petit bercail de la Re-

---

1. Il s'agissait de chanter le *Te Deum* pour la réception de la *Bannière* du département, apportée par les gardes nationaux qui avaient *assisté à la trop célèbre fédération de Paris. — Ce Te Deum fut tristement chanté par deux recteurs assermentés et un autre prêtre non moins lâche qu'eux. Ils oubliaient que le premier signe du patriotisme est d'être fidèle à la voix des pasteurs légitimes et à la cause sacrée de la Religion.*

traite ; je viens vous donner une dernière bénédiction.... » A ces mots, les directrices assemblées ne purent cacher la douloureuse impression de leur cœur, et le vénérable Évêque s'en apercevant : « *Oui, mes filles bien-aimées, je viens vous bénir pour la dernière fois ; mais, courage, mettez toute votre confiance en Dieu seul ; supportez généreusement les persécutions et les souffrances qui vous menacent. Elles seront pendant longtemps votre unique partage.* » Impossible de décrire la consternation que répandit dans la petite communauté cette dernière visite de Monseigneur. C'étaient bien, hélas! les adieux du père à ses enfants. Quelques jours plus tard, en effet, il apprenait le grand acte de faiblesse du Roi ; l'infortuné Louis XVI avait signé la prétendue *Constitution civile du Clergé*. L'Évêque de Quimper, à cette notification, se sentit frappé au cœur comme par un coup de foudre, et la fièvre, qui depuis quelques jours le fatiguait beaucoup, s'annonça par de violents accès. C'était le dimanche 26 septembre 1790, vers les trois heures de l'après-midi, que l'œuvre d'iniquité lui était précipitamment notifiée de la part du Département. A peine le saint Évêque en eut-il pris connaissance, qu'entrant dans son cabinet où se trouvait son secrétaire, « *Mon ami*, lui dit-il avec l'accent de la plus profonde douleur, *mon ami, voilà notre arrêt de mort ! Je veux répondre sur le champ au département,* C'EST MON DEVOIR ; *il faut protester contre cette pièce destructive de la hiérarchie ecclésiastique et contre tout ce qu'a fait l'Assemblée au préjudice de la religion et des droits de tous les ordres. »* Vainement on représenta à Monseigneur que l'état de sa santé ne lui permettait pas de s'occuper immédiatement d'un travail si sérieux : « IL LE FAUT », reprit le digne prélat, et il se mit à l'instant à son bureau pour l'exécuter. « Du moins, Monseigneur, dit le secrétaire, souffrez que je vous épargne la peine d'écrire, je connais vos intentions. — Eh bien ! soit ; vous savez où sont les matériaux que j'ai rédigés en prévision de cette malheureuse constitution. Conformez-vous-y exactement ; il ne s'agit que de les mettre au net. » L'intelligent et dévoué secrétaire exécuta ponctuellement les volontés de son Évêque qui, dès le soir même, entendit la lecture de sa déclaration *adressée à Mr le Procureur général syndic du département du Finistère, etc.* Il la reconnut et l'approuva comme sienne ; le lendemain matin, 27 septembre, il n'eut rien de plus pressé que de la communiquer à quelques amis venus pour le visiter. Mesdames de Marigo et de Larchantel furent de ce nombre. A peine eut-il aperçu la première, qui était la supérieure de la Retraite : « *Vous allez être bien contente de moi, ma chère fille,* » s'écria-t-il avec le sentiment d'une douloureuse satisfaction ; puis

« Je veux répondre sur le champ : C'EST MON DE-
VOIR ! Il faut protester contre cette pièce destructive
de la hiérarchie ecclésiastique. »   (p. 106).

il ajouta avec une égale émotion : « *Mais j'ai reçu hier le coup de mort!....* » Pour expliquer ces paroles : « *Vous allez être contente de moi, ma chère fille,* » il faut savoir qu'un jour le saint Évêque s'entretenant avec Madame de Marigo, dont il estimait singulièrement le noble caractère et la vive piété, lui avait exposé certains cas plus ou moins difficiles. Voulait-il éprouver la sagacité de cette pieuse directrice de la Retraite, ou dans son humilité prendre jusqu'à un certain point conseil de cette intelligente supérieure ? toujours est-il qu'après avoir paru hésiter entre le pour et le contre, au sujet d'une délicate et périlleuse solution, Monseigneur s'adressant à Madame de Marigo lui avait dit : « *Que faire, ma chère fille ?* » Et celle-ci, qui ne doutait point de la fermeté apostolique de l'illustre Évêque, avait répondu « *Vous montrer, Monseigneur !* » Détails touchants, non moins glorieux pour la mémoire du noble pontife que pour celle de cette femme d'élite, supérieure de la Retraite de Quimper. L'un et l'autre se sont montrés à la hauteur de leur vocation [1].

Cependant les symptômes de la maladie faisaient de tels progrès, que bientôt Monseigneur fut réduit à la dernière extrémité, et

---

1. Ces documents ont été pris dans la biographie manuscrite de Monseigneur par Mr Bossière lui-même, secrétaire de Sa Grandeur, et dans les archives de la Retraite.

que le délire causé par la violence de la fièvre empêcha l'administration du Saint Viatique. Le 29 septembre pendant la nuit, le malade ayant recouvré un peu de calme et tout son jugement, se confessa une fois encore et se disposa à recevoir la divine Eucharistie. Mais des accès de fièvre plus violents survenus dans la matinée du 30, en lui enlevant de nouveau toute connaissance, le mirent dans l'impossibilité de communier. Entré en agonie vers le milieu du jour, il expira doucement vers les cinq heures du soir, le 30 septembre 1790, muni du sacrement de l'extrême onction, et après avoir montré visiblement par quelques pieuses et douces paroles, la paix dont son âme était inondée.

« Au moment de sa mort, Dieu révéla à une sainte âme le bonheur dont il allait jouir, en le lui montrant rayonnant de gloire, s'élevant vers le Ciel au milieu des Anges et des saints ; » c'est du moins ce que des personnes dignes de foi ont assuré ; c'est ce que sa vie admirable par l'esprit de charité, d'humilité et de dévouement poussé jusqu'au désir du martyre nous met en droit de croire ; et ce fut la conviction de tous les prêtres et de tous les fidèles du diocèse de Quimper, qu'au jour où Monseigneur de Saint-Luc expirait au milieu d'eux, il y avait un saint de plus au Ciel.

Inutile d'ajouter que le trépas de l'évêque de Quimper causa parmi les catholiques et les sujets fidèles à la monarchie une consternation générale : « *Cette mort*, disent les Archives de la Retraite *nous plongea dans une mer de douleur ;* mais la foi vint au secours de la nature et montra à Victoire de Saint-Luc, ainsi qu'à toute la communauté, la main de Dieu disposant des biens et des maux, de la vie et de la mort, selon les vues de la divine sagesse et toujours pour le bien de son Église et de ses élus. » Les voix discordantes furent celles des soi-disant *patriotes ;* mais leur hideuse clameur : « C'est un *aristocrate de moins,* » fut encore un éloge à la mémoire du noble et saint Pontife.

Les obsèques eurent lieu le 5 octobre, au milieu d'un concours prodigieux d'ecclésiastiques et de fidèles accourus de toutes les parties du diocèse. Les paysans se pressaient en foule, à la suite du clergé, dans la chapelle où leur ancien évêque reposait, la figure découverte, et revêtu de tous ses ornements épiscopaux. Là, les curés juraient de mourir plutôt que d'adhérer au schisme ; leurs ouailles juraient de les défendre ; et les autorités de Quimper savaient très bien que tous, prêtres et paysans, étaient capables de tenir ce serment. Aussi le département ne put-il s'empêcher d'écrire à l'assemblée ces lignes qui resteront comme un éloge non suspect du prélat défunt et de son chapitre :

« Monsieur Conen de Saint-Luc, évêque du
» département du Finistère, vient de mourir.
» Toute la ville de Quimper ressent avec la plus
» vive affliction la perte d'un prélat dont les
» vertus et la solide piété n'avaient cessé de
» l'édifier pendant le cours d'une vie véritable-
» ment apostolique.... Le chapitre de Quim-
» per, également recommandable par ses
» lumières et ses vertus dignes des beaux
» jours de la primitive Église, éprouve plus
» particulièrement tous les regrets qu'une
» telle perte est propre à faire naître ([1]). »

La profonde humilité de l'illustre défunt avait d'avance dicté l'épitaphe à graver sur sa tombe. Il avait défendu toute autre inscription que ces mots écrits de sa main :

HIC JACET TUSSANUS-FRANCISCUS-JOSEPH, PECCATOR, NATUS DIE 17 JULII 1724, CONSECRATUS DIE 29 AUGUSTI 1773, OBIIT DIE 30 SEPTEMBRIS 1790.

Le chapitre, en faisant exécuter cette suprême volonté de son Évêque, crut cependant devoir mettre à la suite de l'épitaphe ces paroles des Proverbes :

---

1. Bien entendu, quelques semaines plus tard ces mêmes ecclésiastiques, résistant *à la constitution civile* seront accablés par les révolutionnaires d'outrages et de calomnies de toutes sortes. (Voir *Histoire de la Constitution civile...* par Ludovic Sciout, t. I, p. 305.)

JUSTUS PRIOR EST ACCUSATOR SUI.

C'était peindre en peu de mots l'opinion que l'on avait du Pontife, que tous les gens de bien, même pendant sa vie, appelaient le saint Évêque. Le corps fut inhumé dans l'église cathédrale à l'endroit qu'il avait choisi lui-même, c'est-à-dire, à l'entrée de la porte principale, afin, disait-il dans son humilité profonde, qu'on le foulât aux pieds ! Son cœur, qui, suivant ses ordres, avait été séparé de son corps, fut porté sans cérémonie au séminaire, et placé, comme il l'avait recommandé, au bas de la dernière marche du grand autel [1].

Qu'il nous soit permis, en terminant ce chapitre, spécialement consacré à la mémoire de Monseigneur de Saint-Luc, d'ajouter avec un de ses biographes, membre de sa famille : « Il était tendrement attaché à un Ordre célèbre

---

1. Voir la traduction de l'épitaphe de Monseigneur de Saint-Luc.
 Ci-gît Toussaint-François-Joseph, pécheur,
 Né le 17 juillet 1724, sacré le 29 août 1773,
 Mort le 30 7bre 1790.
Le chapitre y fit ajouter ce texte sacré :
 Le juste est le premier à s'accuser lui-même.
En 1843 les restes de Monseigneur de Saint-Luc furent transportés dans la chapelle de la Victoire, où se conserve le Saint-Sacrement. Une des verrières de cette chapelle représente l'illustre évêque offrant à Pie VI sa magnifique protestation contre la *constitution civile du Clergé*. C'est rappeler l'acte qui peut-être fait le plus d'honneur à la mémoire du saint et courageux prélat.

dont il déplora amèrement la perte. L'auteur de l'abrégé de sa vie a passé légèrement sur les persécutions qu'il eut à essuyer à l'époque de sa destruction, ainsi que son frère alors conseiller au Parlement de Rennes. Il conserva toujours pour les religieux de cet Ordre le respect, la confiance, l'attachement le plus tendre ; et ses regrets durèrent autant que sa vie. C'est chez eux qu'il avait été élevé et qu'il avait puisé, ou du moins qu'il avait développé tant de vertus qui l'ont rendu si recommandable aux hommes et si agréable aux yeux de Dieu ([1]). »

Ne pourrions-nous pas ajouter que c'est à l'école de ces Pères qu'il avait appris à aimer avec une sorte de passion l'Église de JÉSUS-CHRIST et les âmes des fidèles confiés à sa garde ; qu'il s'était formé à cette éloquence persuasive et entraînante *à laquelle*, dit un de ses biographes, *on ne pouvait résister ?* Ne serait-ce pas en particulier sous leur direction qu'il aurait, comme l'immortel Belsunce, étudié, goûté et pratiqué la *Dévotion au cœur de* JÉSUS ? Étant chanoine de Rennes, il fit un jour sur cette sublime et touchante dévotion un discours magnifique, dont le succès contri-

---

[1]. Note de M. de S*** citée par Monsieur le chanoine Téphany dans son *Histoire de la persécution religieuse dans les diocèses de Quimper et de Léon*.

bua dès lors beaucoup à sa réputation de prédicateur.

Après la dévotion qu'il conserva toute sa vie envers le divin Cœur de JÉSUS, celle au saint Cœur de Marie lui était la plus chère et la plus familière. Plusieurs gravures de ces cœurs sacrés, placées dans sa chambre et surtout dans son oratoire, lui rappelaient sans cesse ce qu'ils avaient fait pour le salut des hommes, l'amour qu'ils leur portent et celui que nous devons avoir pour eux. Il gémissait amèrement sur l'audace et l'aveuglement des hérétiques et des philosophes de ce siècle impie, qui blasphémaient et insultaient une dévotion autorisée par le Saint-Siège et particulièrement chère à l'Église de France. Ce fut pour lui une gloire et un triomphe, quand le Gazetier janséniste publia dans une de ses feuilles, avec un air de mépris et de dérision, que l'Évêque de Quimper était *Cordicole*, et que sa chambre était remplie d'images des Cœurs de JÉSUS et de Marie. Monseigneur de Saint-Luc devait encore partager dans cette circonstance les honneurs de la persécution avec ses anciens maîtres. On sait que la cabale Janséniste et Voltairienne appelait *Cordicoles*, *Alacoquistes*, les Jésuites promoteurs de la dévotion au Cœur de JÉSUS, à la suite du vénérable Père de la Colombière que Notre-Seigneur lui-même avait chargé de diriger la bienheureuse Marguerite-Marie Alacoque.

En écrivant ces lignes, nous cédons à un légitime sentiment de reconnaissance envers un saint Évêque, qui s'est fait gloire d'être l'élève et le protecteur des religieux de la Compagnie de JÉSUS, et qui, comme eux et avec eux, persécuté pour la cause de Dieu et de l'Église, sut jusqu'à la fin, « *faire toujours son devoir, même au péril de ses jours* » (1).

---

1. V. p. 106.

Chapitre sixième.

Dévouement de la Maison de Retraite à la cause de l'Église. — Lettre de Victoire de Saint-Luc à un prêtre assermenté. — Élection d'Expilly par les patriotes pour l'Évêché du Finistère.

MONSEIGNEUR de Saint-Luc, peu de jours avant sa mort, avait protesté contre la *constitution civile du clergé*, avec l'énergie apostolique que nous avons admirée et qui sera son éternelle gloire ; mais il n'avait pas attendu jusqu'à cette dernière heure pour se montrer invinciblement attaché à la souveraine direction de Rome. Déjà à la date du 11 juillet 1790, en sentinelle vigilante, le saint Évêque avait écrit à Pie VI, pour lui demander son sentiment sur la constitution fatale qui s'élaborait, et quelle ligne de conduite il devrait suivre, au milieu des difficultés qui surgiraient incessamment dans l'Église de France. Frappé par la mort le 30 septembre suivant, le saint Évêque n'eut certainement pas connaissance de la belle réponse que le Souverain-Pontife lui adressa et dans laquelle Pie VI loue la fermeté et le zèle du vaillant Évêque de Quimper ; nous ne pouvons nous-même que signaler en passant ce glorieux document dont le clergé du diocèse de Quimper doit être justement fier ; mais en revenant à l'histoire de Victoire de Saint-Luc, nous devons montrer quelle part les directrices de la Retraite eurent à la persécution, et dans quelle mesure elles contribuèrent à sauvegarder la foi dans les âmes.

Pour mettre les pasteurs et les fidèles à l'abri de la séduction, des hommes de science et de vertu avaient composé plusieurs écrits ; Sa Sainteté Pie VI, avait publié plusieurs Brefs, les uns et les autres signalant les empiétements sacrilèges *de la constitution civile du clergé* et protestant contre les actes opposés à la discipline et à la doctrine de l'Église catholique. Faire circuler ces écrits n'était pas chose facile ; et plus d'une librairie ecclésiastique recula devant le péril de les tenir en dépôt. La Maison de Retraite de Quimper se fit un honneur de recéler ces pages compromettantes, que le libraire de l'évêché, Fauvel, n'osait garder et qu'il apportait à l'intrépide supérieure.

Madame de Marigo n'écoutant que sa foi et son amour pour la sainte Église, s'empressait de disséminer de tous côtés ces écrits lumineux et hautement autorisés ; elle voulait ainsi préserver de l'hérésie ou du schisme un grand nombre de personnes que les nouveautés pouvaient facilement séduire. On estimera que cette propagande n'était pas sans mérite, puisque l'échafaud était alors la récompense de cette charité !

Les prêtres fidèles et par là même l'objet plus direct de la haine des révolutionnaires, entre autres les abbés de Larchantel et Cossoul, les directeurs du séminaire et le père Le Guillou, ancien Jésuite, portaient à la maison de Retraite le plus vif intérêt ; dans leurs fréquentes visites ils éclairaient ces Dames par leurs doctes entretiens, en même temps qu'ils fortifiaient leur courage et leur dévouement à la cause de Dieu. Cependant un des directeurs habituels des Exercices de retraite n'imita pas la généreuse conduite de la plupart de ses confrères. Ce malheureux prêtre eut la lâcheté de prêter le serment de fidélité à la *constitution civile du clergé*. C'était l'abbé Claude Le Coz, principal du collège de Quimper. L'amour de la nouveauté, et plus encore le désir d'avancer lancèrent cet ambitieux dans la voie du schisme ; il eut même le triste courage de composer un livre « *Apologétique des décrets de l'assemblée nationale relatifs à la Constitution civile du Clergé* ». Ce livre hypocrite, d'une science de mauvais aloi, ne pouvait égarer que des âmes vulgaires. Mais l'expérience nous démontre tous les jours avec quelle facilité les multitudes acceptent le mensonge. C'est pourquoi les vicaires capitulaires de l'Église de Quimper s'en préoccupèrent vivement, et d'un commun accord, après avoir charitablement mais en vain supplié le prêtre transfuge de rétracter ses erreurs, ils censurèrent publiquement ses doctrines, et le firent en termes si nets et si précis, que les plus simples fidèles pouvaient apercevoir tout le venin de cette mensongère apologie.

Animée d'un zèle que le caractère de Victoire et que les relations de l'abbé Le Coz avec la Retraite expliquent, et, au besoin excusent, notre ardente directrice ne put s'empêcher d'écrire à ce malheureux prêtre une lettre que nous croyons devoir reproduire. « *Nous ne nous permettrons pas,* dit le modeste annaliste ([1]), *de porter un jugement sur cette démarche qui ne semble guère convenir à une femme ; nous dirons seulement que les sentiments pleins de foi et d'énergie que Victoire développe si éloquemment étaient ceux de toute la maison de Retraite.* » Nous laissons à notre tour le lecteur juge et appréciateur de cette lettre ; mais il nous sera bien permis de souhaiter que dans les mauvais jours dont la France est menacée, on trouve beaucoup de

---

1. Archives de la maison de Retraite à Quimper.

femmes à la hauteur du caractère, du dévouement et de l'orthodoxie de Victoire et de ses compagnes. Nous donnons textuellement la lettre de cette vaillante chrétienne. C'est la première fois qu'elle va être publiée en son entier ; l'abbé Caron n'en a donné que des extraits.

La Retraite, 29 octobre 1790.

Monsieur,

« Vous trouverez sûrement un peu téméraire de ma part la démarche que je fais ; aussi depuis longtemps je me combats moi-même ; mais enfin je n'y tiens plus. Dieu connaît la pureté de mes intentions, et quoi qu'il m'en puisse arriver, il ne m'est plus possible de résister au zèle qui m'anime et à l'impulsion qui m'entraîne.

» Je ne suis point théologienne ; je ne me pique non plus ni de science, ni de bel esprit. Aussi, il me conviendrait mal de prétendre entrer en discussion et en réfutation avec vous ; je laisse ce soin au zèle de tant d'ecclésiastiques éclairés, à qui il ne sera pas difficile de réfuter un écrit rempli de principes erronés, d'assertions fausses, de passages tronqués, on pourrait même dire, de vraies hérésies. Pour moi, je me bornerai à vous faire de très humbles représentations que je vous prie de me pardonner et d'attribuer aux sentiments d'estime dont j'étais autrefois pénétrée pour vous.

» Ah ! Monsieur, est-il possible que vous, ministre du Dieu vivant, fait, par ce caractère auguste et par vos talents, pour soutenir l'Église, pour éclairer les fidèles et les préserver de l'erreur, est-il possible que vous soyez le premier à les séduire, à les tromper ? Que vous trahissiez la cause de JÉSUS-CHRIST, pour devenir un vrai suppôt du démon ? Passez-moi ce mot, Monsieur, mais n'est-ce pas l'être véritablement que de travailler, comme vous faites, à nous jeter dans un schisme évident, en nous séparant de Rome ? L'écrit séducteur qui se répand sous votre nom, en cachant le serpent sous la fleur, n'était-il pas vraiment fait pour induire en illusion un peuple simple, grossier, tant de personnes faibles ou peu instruites qui se laisseront prendre à son tour captieux et enchanteur, par les fleurs d'éloquence, le brillant éphémère et les phrases patriotiques dont il est rempli ? Ah ! vous rendrez un jour à Dieu un terrible compte des talents qu'il vous a confiés pour procurer sa gloire et que vous employez à un si perfide usage !

» Non, je ne puis comprendre qu'avec une belle âme et un cœur droit comme vous sembliez l'avoir, qu'avec de l'esprit et du bon sens, vous ayez pu vous entêter à ce point du nouveau système ; que vous osiez préconiser et défendre avec tant de chaleur une constitution si évidemment contraire (malgré tout ce que vous en puissiez dire) à la religion, aux bonnes mœurs, à la justice et à tout sentiment d'humanité !

» Il me semble que pour bien juger de la bonté d'une chose, on doit un peu examiner les principes d'où elle émane, et les moyens dont elle s'est servie pour s'élever. Si on remonte aux principes, vous devez savoir mieux que moi que ce sont tous ceux de nos philosophes modernes, des Voltaire, des Jean-Jacques Rousseau, des Helvétius, des Raynal,.... gens impies et corrompus, dont les noms seuls font frémir la religion et rougir la pudeur. Philosophes sacrilèges, dont la morale et les principes ne tendaient qu'à saper les fondements du trône et à renverser l'autel ; voilà effectivement de dignes régénérateurs !

» Quant aux moyens et aux bases de la constitution, que de menées sourdes et infernales qui devraient faire rougir de honte leurs coupables auteurs, si elles étaient maintenant dévoilées, comme elles le seront au grand jour de la manifestation ! Ah ! c'est dans ce jour de lumière et de clarté que l'on distinguera la vérité de l'erreur, que l'on verra qui a eu tort ou raison ! Mais ce qui doit, dès à présent, facilement décider en faveur de la bonté de notre cause, c'est la persécution qu'elle endure.

» Le caractère de la vérité a toujours été d'être persécutée, et celui de l'erreur d'être persécutante. JÉSUS-CHRIST l'avait prédit à ses Apôtres, et à tous ses disciples en leur personne : « qu'ils seraient persécutés, outragés, calomniés, traduits de tribunaux en tribunaux ; et que c'est alors qu'ils devaient tressaillir de joie, parce qu'une grande récompense leur était réservée dans le ciel. » C'est cette récompense qui nous soutient, qui nous console ; et nous nous estimons trop heureux d'avoir quelque trait de ressemblance avec notre divin Maître, le chef, le modèle des prédestinés. Quand il s'agira de notre sainte religion, nous saurons la soutenir et la défendre courageusement, s'il le faut, jusqu'à la mort ; et la vue des plus affreux supplices, avec la grâce de Dieu, ne nous effraierait pas. Oui lorsqu'il ne s'agira que de se laisser outrager, calomnier, persécuter, dépouiller, nous saurons souffrir et nous taire ; et bien loin de solliciter les foudres et les carreaux du ciel sur nos persécuteurs, nous ne demanderons que grâce, pardon, miséricorde et conversion pour de pauvres aveugles qui se trompent et s'égarent. A l'exemple de JÉSUS-CHRIST sur la croix, qui priait pour ses bourreaux, nous dirons avec lui dans la sincérité de notre âme : « Père céleste, pardonnez-leur, car ils ne savent ce qu'ils font.

» Nous souffrons et nous gémissons, il est vrai, sous une dure tribulation ; surtout ce qui nous dessèche de douleur, ce sont les atteintes et les coups redoublés que l'on porte à notre sainte religion ; mais nous espérons qu'à la fin Dieu viendra à notre secours, et la fera triompher; que les portes de l'enfer ne prévaudront pas contre son Église, et qu'il dissipera les ennemis de son Nom. Oui, nous espérons en Dieu, et nous ne serons point confondus ! Le Dieu des miséricordes et le Père de toute consolation, après avoir éprouvé, châtié pendant un temps des enfants coupables, leur pardonnera, les visitera, les relèvera, les vivifiera ; mais les verges et les instruments de ses vengeances, qu'ont-ils à attendre à leur tour, sinon d'être brisés et jetés au feu ?

« Ah ! Monsieur, tandis qu'il en est temps encore, ouvrez les yeux à la vérité ; puissiez-vous enfin vous rétracter, vous dédire, convenir que vous vous êtes trompé, à l'exemple de Fébronius dont vous tirez vos principes ([1]). Après tout, préférerez-vous l'approbation d'un certain nombre d'aveugles partisans de la révolution, (qui peut-être au fond vous méprisent et même vous blâment), à l'estime de tout ce qu'il y a de gens sensés et vertueux que votre conduite

---

1. Voir Appendice II.

afflige et fait gémir ? Croyez-vous donc avoir, vous seul et un petit nombre comme vous, plus de lumières et de sagesse que la majeure et la plus saine partie, non seulement du clergé de ce diocèse mais de tout le royaume, à laquelle on pourrait encore joindre ce qu'il y a en laïques de plus recommandable ? Vous voulez peut-être faire parler de vous, jouer un rôle ? Ah ! Monsieur, vous en jouez effectivement un, mais Bon Dieu ! qu'il est pitoyable ! Serait-ce donc à la façon des Luther, des Calvin, des Wiclef, etc. que vous prétendriez vous distinguer ? L'entêtement et l'orgueil ont toujours fait le caractère des hérésiarques, et ils ne se sont fait sur la terre un déplorable nom, qu'en se creusant les abîmes de l'enfer. Que Dieu vous préserve, Monsieur, d'un pareil sort ! Que sa miséricorde vous touche, vous éclaire pour vous faire rentrer dans la voie de la vérité. Qu'il vous donne un peu de cette vraie et sainte humilité qui préserve de l'erreur ou qui la fait généreusement rétracter ! Qu'il triomphe de vous, non pas en vous punissant et en vous perdant, mais en vous terrassant salutairement, comme autrefois le grand Apôtre qui d'un persécuteur furieux de son Église en devint le plus ferme soutien et le plus zélé défenseur. Qu'il vous pardonne, et à tous ceux qui pensent comme vous, le mal que vous faites et que probablement vous ne voyez pas. Pour moi, Monsieur, je prie avec toute l'ardeur dont je suis capable pour cet heureux changement qui glorifierait le ciel, consolerait les fidèles, déconcerterait l'enfer, et pour lequel je donnerais, je vous assure, de grand cœur jusqu'à la dernière goutte de mon sang.

« J'ai longtemps balancé, Monsieur, à vous envoyer cette lettre. Le désir de vous faire rentrer en vous-même m'y portait, car Dieu se sert quelquefois des plus faibles instruments pour que la gloire en revienne à lui seul ; de l'autre, la crainte de vous désobliger me retenait. Quelquefois même, je l'avoue à ma confusion, j'ai osé craindre que votre autorité pût nuire à cette maison où j'étais résolue de vivre et de mourir ; mais je rejette loin de moi ces idées peu conformes à la charité chrétienne. Votre bon cœur d'ailleurs est connu et ce serait lui faire injure. Vous êtes prêtre, et vous avez témoigné tant de zèle pour le salut des âmes, que j'écarterai toujours de pareils soupçons. Au reste, s'il y a quelque coupable dans cette maison, je le suis seule, et je trouverai toujours mon pardon dans les sentiments qui ont animé votre âme noble et généreuse. J'ose même espérer que ma confiance ne fera qu'exciter votre zèle, et je crois vous connaître assez pour assurer d'avance que vous serez notre plus grand protecteur. Je l'attends de votre générosité. Ces sentiments ont déjà fixé l'estime du public et détermineront dans peu notre reconnaissance. »

Je suis, Monsieur, avec un profond respect,
Votre très humble servante

(Signé) :   Victoire de Saint-Luc.

P. S. « L'on m'a dit que Monsieur de Cormaur, supérieur des Missions de Saint-Brieuc, qui avait la même place que vous, a eu le bonheur de reconnaître ses égarements et le courage de les rétracter (1). »

Cette lettre troubla un instant la conscience de l'infortuné dont Victoire poursuivait l'âme avec une si filiale tendresse; mais Claude Le Coz possédé par le démon de l'ambition, résista à toutes les prières, méprisa tous les conseils et Dieu permit qu'il fut élu évêque par le Département d'Ille et Vilaine dans les derniers jours de février 1791. Le 10 avril suivant, le prêtre schismatique allait recevoir à Paris la consécration épiscopale des mains d'un autre pontife breton, qui l'avait précédé de quatre mois dans la carrière de l'apostasie. Il faut bien, hélas ! rappeler ces honteuses défections

---

1. Plus tard, cet ecclésiastique repentant lava dans son sang la tache qu'il avait déjà lavée dans ses larmes.
(V. *Confesseurs de la foi* : tome 2, page 281.)

qu'expièrent, grâce au ciel, de nombreuses et admirables victimes.

C'est le 1er novembre 1790 que dans la cathédrale de Quimper s'était faite, au milieu d'une cohue scandaleuse, la déplorable élection du premier évêque constitutionnel de France. Les patriotes du Finistère avaient remué ciel et terre pour arriver à leur but ; et, de copieuses libations aidant, le nom préféré et prôné par la cabale était sorti de l'urne sacrilège. Il y eut cependant peu d'empressement au scrutin : Expilly, curé de Morlaix et constituant, ne fut élu que par 233 voix contre 125 données à Monseigneur de la Marche, Évêque de Saint-Pol de Léon, qui n'aurait certainement pas accepté. Quelques votes se portèrent aussi sur le maire de la ville, sur le greffier du tribunal, gens mariés, ayant femme et enfants, et qui le croirait ? sur le chien du collège. Le département ayant résolu d'attirer au scrutin, par l'appât d'une prime, les électeurs dont les principes religieux n'étaient pas très fermes, avait arrêté le 9 octobre « qu'il serait donné à chaque électeur un mandat de cinquante livres payable au moment de la réunion du corps électoral à Quimper pour l'élection du nouvel Évêque. » La prime était hors de proportion avec toutes celles qui avaient été accordées jusqu'alors, car cette seule élection ne devait déranger les électeurs que trois ou quatre jours, tout au plus ;

mais quand il s'agissait de nommer un évêque schismatique, pouvait-on y regarder ?.. Malgré tout, le scrutin prouva que parmi ces électeurs un tiers au moins avaient reçu et utilisé ces cinquante livres pour voter contre la constitution civile, en écrivant sur leurs bulletins le nom de Mgr de la Marche (1). Louis-Alexandre Expilly était donc élu évêque constitutionnel du Finistère: Il était digne d'imposer les mains au prêtre schismatique Claude Le Coz, principal du collège de Quimper (2).

Né à Brest, au diocèse de Léon, Expilly avait fait à Paris d'assez médiocres études. Il était recteur de Saint-Martin de Morlaix, quand, malgré son Évêque, Monseigneur de la Marche, il s'était fait nommer député à l'assemblée nationale. Des liaisons trop intimes avec certains philosophes de Paris et un projet

---

1. *Histoire de la Constitution civile du clergé*, par Mr Ludovic Sciout, (t. I. p. 310) et *Hist. de la persécution.*, par Mr le chanoine Téphany.

2. Placé sur le siège de Rennes, Claude Le Coz se montra le serviteur très humble de la Révolution. Devenu, après le concordat, Archevêque légitime de Besançon, il eut beaucoup de peine à se soumettre purement et simplement au Souverain Pontife. Toutefois sur la demande formelle de Pie VII, il vint se jeter aux pieds de Sa Sainteté à Fontainebleau et souscrivit à toutes les conditions exigées par le pape. Il mourut pendant les cent jours le 3 mai 1815, d'une fluxion de poitrine qu'il avait contractée en visitant son diocèse. « Cette visite fut plutôt politique que pastorale, puisqu'elle avait pour but de rallier ses diocésains à la cause de l'empereur Napoléon, revenu de l'île d'Elbe à Paris. » (*V. Histoire de la persécution...* par Mr Téphany, p. 188.)

Liv. II, Ch. VI. — Révolution.

de constitution pour le clergé rédigé dans le sens des idées révolutionnaires avaient fait redouter ce que son élection ne démontra que trop. Expilly était digne de servir la révolution et de tomber dans les hontes et les lâchetés du schisme. Son ambition caressée, flattée par les honneurs de l'épiscopat, résista à tous les avertissements, à toutes les prières. Foulant aux pieds la défense formelle de Pie VI qui s'opposait à sa consécration, il ne craignit pas de recourir au ministère d'un Évêque tristement célèbre, non seulement dans l'histoire de notre pays mais dans les annales de l'Église. J'ai nommé, à la honte du sacerdoce et de l'épiscopat, *Talleyrand-Périgord, Évêque d'Autun*. Le 24 février 1791 le prélat sacrilège consacra, dans la chapelle des Oratoriens de la rue Saint-Honoré à Paris, Louis-Alexandre Expilly et Charles Marolles, nommés par l'assemblée Nationale, le premier, évêque du Finistère, le second, évêque de l'Aisne. Talleyrand était assisté par Miroudot du Bourg, Évêque de Babylone, et par l'Évêque de Lydda, Gobel, devenu peu après intrus de Paris et plus tard plongé dans toutes les orgies de 1793. Ces deux prélats, intrigants sans valeur mais dévorés d'ambition, étaient dignes de prêter l'appui de leur présence au pontife consécrateur de deux apostats !

Chapitre septième.

Expilly à Quimper. — Sa conduite envers les Dames de la Retraite. — Commencement de la persécution. — Nouvelle maladie de Victoire. — Suite de la persécution. — Décret d'expulsion. — Les scellés. — Expulsion. — Asile chez les Calvairiennes.

EXPILLY, ivre de bonheur d'avoir enfin la mitre et la crosse, jaloux de recevoir les hommages et les acclamations des populations qu'il appelait ses ouailles, se hâta de quitter Paris où l'assemblée nationale lui avait prodigué un facile triomphe ; le 12 mars 1791 le pontife intrus faisait son entrée à Quimper.

« Le temps était superbe, disent les Annales
» de la Retraite, pas un nuage n'obscurcissait
» le soleil ; mais vers les quatre heures de
» l'après-midi, les cloches se font entendre :
» Expilly entrait dans la ville. Tout-à-coup
» un affreux brouillard, aussi épais qu'infect,
» obscurcit l'horizon. Hommes, chevaux, voi-
» tures, tout disparût à la vue. *C'était l'heure*

» *du prince des ténèbres !* Ce phénomène fut aperçu de plusieurs lieues à la ronde, il frappa singulièrement les observateurs. Le peuple s'écriait : Voilà donc l'arrivée du schisme et de l'hérésie ! Prosternée aux pieds de JÉSUS-CHRIST dans ce triste moment, la petite communauté le suppliait avec larmes d'être sa lumière, sa force son soutien : le danger était imminent. »

Le faux pasteur en effet ne tarda pas à visiter la Maison de Retraite qu'il crut devoir attaquer par la ruse. Simulant un dévouement sans bornes, prodigue même de flatteries, il s'imagina gagner ainsi la confiance de ces Dames et les amener sans peine et sans retard aux caprices de sa direction. Expilly exalta l'excellence des œuvres de la Retraite, le mérite personnel des Directrices ; et, voulant leur témoigner toute sa sollicitude : » *Ménagez bien, mes chères filles*, leur dit-il, *ménagez bien vos santés si nécessaires pour soutenir le travail de vos Retraites ; comptez d'ailleurs sur ma protection, je vous serai tout dévoué et je viendrai moi-même, je vous le promets, prêcher quelquefois vos retraites publiques. Mon vicaire général* (¹), *dont je ne*

---

1 Ce grand vicaire constitutionnel de l'Évêque constitutionnel Expilly était le citoyen Gomaire. « *Ce malheureux prêtre*, dit Mr Trévaux, *donna tant de scandales, qu'il se rendit l'objet du mépris public.* » Il était digne d'Expilly et de l'église révolutionnaire.

» *saurais trop louer le mérite et les talents,*
» *sera heureux de venir avec votre Évêque*
» *vous prêter le concours de sa parole et de*
» *son saint ministère.* » — « Monsieur, nous ne voulons pas de vos services, » fut toute la réponse de Madame de Marigo. L'attitude, le silence glacial de la communauté, après cette froide parole de la supérieure, révélèrent à l'Évêque intrus qu'il s'était fourvoyé ; sa visite s'arrêta tout court : ce fut la première et la dernière ; mais elle allait être immédiatement le signal de mille tracasseries, préliminaires de la persécution et de la dispersion.

En effet, peu de jours après ces inutiles avances du prélat schismatique et mercenaire, le district vint à son tour faire ses offres de service. Mais les directrices devaient commencer par prêter le serment de fidélité *à la constitution civile du clergé*. « Cela fait, Mesdames, ajoutaient les envoyés du district, vous aurez la satisfaction de conserver votre demeure et de vivre selon votre état. Vous continuerez à faire beaucoup de bien et vous aurez l'immense avantage d'avoir pour ouvriers évangéliques l'Évêque du Finistère et ses dignes coopérateurs etc., etc. » Ces belles paroles et beaucoup d'autres que le lecteur devine, au lieu d'ébranler les Directrices de la maison de Retraite, « *ne firent au contraire que les raffermir de plus en plus dans la détermination où elles étaient toutes de mourir plutôt que de trahir leur foi* » (1).

Les émissaires du pouvoir civil en révolte contre les droits de l'Église venaient donc d'être éconduits à leur tour, comme l'avait été le prélat sacrilège. La position des dames de la Retraite était nette et tranchée ; elle était digne de leur sainte vocation, mais elle devait susciter des tempêtes.

Dieu, dans ces jours de périls, ne les abandonna pas ; il continua à leur envoyer les pieux et savants prêtres que nous avons déjà nommés plus haut. Bravant eux-mêmes plus d'un danger, ces ministres fidèles répandaient au sein de la communauté lumière et courage, ils affermissaient Madame de Marigo et ses pieuses compagnes dans leur virile et religieuse attitude en face d'Expilly et du district persécuteur. Monsieur de Larchantel fortifia singulièrement l'attachement de ces Dames à la Chaire de saint Pierre par la communication qu'il leur fit de plusieurs documents apostoliques. Revêtu de pouvoirs exceptionnels par un Bref de Pie VI (23 juillet 1791), afin de procurer au diocèse de Quimper les secours spirituels que ne pouvait lui donner Expilly, l'abbé de Larchantel avait grâce particulière pour consoler, éclairer et diriger les âmes. Ce fut donc avec bonheur qu'il expliqua à la com-

1. Manuscrit des archives de la Retraite de Quimper.

munauté deux Brefs de Pie VI, récemment publiés en France (¹). Le premier (10 Mars 1791) adressé aux Évêques de l'assemblée nationale, condamnait *la constitution civile du clergé*, se plaignait des entraves mises à l'autorité des Évêques, de l'abolition des ordres religieux, de la destruction de tant d'établissements utiles et déplorait toutes les attaques faites à la sainte Église de JÉSUS-CHRIST. Le second (13 Avril 1791) avait été envoyé à tous les Évêques et à tous les fidèles de France. Pie VI y citait avec éloges *l'Exposition des principes sur la constitution civile du clergé*, qu'il appelait *la Doctrine de l'Église Gallicane*. Il y déplorait la défection des quatre Évêques qui ternissaient ainsi la gloire de l'Épiscopat français et surtout celle du prélat qui avait sacrilègement prêté ses mains pour la consécration des *Constitutionnels* (²). Ce Bref ordon-

---

1. Voyez page 129.
2. Cette *exposition*, dont Monseigneur de Boisgelin, Archevêque d'Aix, était l'auteur, fut rédigée au nom des 30 prélats députés à l'assemblée nationale. Cette pièce signée par eux tous, adressée au Pape le 10 Octobre 1790, fut publiée le 30 du même mois. C'est un examen approfondi de chacun des articles de la fameuse *Constitution*, et dont le savant auteur fait voir clairement la criminelle opposition aux lois de l'Église. Tous les Évêques de France, à l'exception de quatre, adhérèrent à cette exposition. L'Archevêque de Sens, les Évêques d'Autun, d'Orléans et de Viviers, prêtèrent seuls le coupable serment et bientôt apostasièrent. — Leurs noms déjà tristement compromis pouvaient faire prévoir cette honteuse prévarication. Les vicaires-capitulaires de Quimper avaient joint leur adhésion à celles des Évêques, dès le 28 novembre. Que penser et que dire

Liv. II, Ch. VII. — Persécutions. 135

naît à tous les ecclésiastiques qui avaient fait le serment, de le rétracter dans les quarante jours, sous peine d'être suspendus de l'exercice de tous ordres, et soumis à l'irrégularité, s'ils osaient en faire les fonctions. Il déclarait également que leurs consécrations étaient illicites, criminelles et sacrilèges, et qu'enfin les consacrés étaient privés de toute juridiction et suspendus de toute fonction épiscopale.

Ces précieux documents, expliqués par le Vicaire Apostolique, Monsieur Gilart de Larchantel, comblèrent de joie les Dames de la Retraite ; et ces femmes intrépides se préparèrent à tout souffrir plutôt que de *communiquer*

---

de la science ou de la franchise de l'auteur de *l'Histoire de la Révolution française*, lorsqu'à l'occasion de la *constitution civile du clergé* il s'exprime ainsi : Ce projet, qui fut nommé *constitution civile du clergé*, et qui fit « calomnier l'assemblée plus « que tout ce qu'elle avait fait, était pourtant l'ouvrage des dépu- « tés les plus pieux. C'étaient Camus et autres jansénistes, qui « voulant raffermir la religion dans l'état, cherchaient à la mettre « en harmonie avec la loi nouvelle. » Ainsi la voix de Pie VI et celles de 130 Évêques de France ne doivent compter pour rien, au jugement de M. Thiers, en face de 4 Évêques apostats, du député Camus et *autres jansénistes !* (V. *Hist. de l'assemblée constituante* 1790.) Pour plus amples détails sur les Évêques qui firent adhésion au schisme, Consultez *l'Histoire de la constitution civile du clergé* » par Ludovic Sciout. Nous ne saurions trop recommander la lecture de cet ouvrage à tous les hommes sérieux qui veulent le salut de la France. « Les actions héroïques et les fautes commises peuvent également servir de leçons, » dit l'auteur à la fin de l'introduction. Nous croyons pour notre propre compte que l'heure arrive où nous avons un besoin urgent de profiter de ces leçons.

avec les intrus et de faire ainsi naufrage dans la foi.

Encouragée par ces lumineux enseignements, Victoire ne craignit pas de recommencer auprès d'un *prêtre assermenté* la démarche qu'elle avait inutilement tentée, en écrivant à l'infortuné Le Coz. La chute de cet ecclésiastique avait profondément affligé la famille de Saint-Luc dont il était l'ami. Cédant à l'ardeur de son zèle autant qu'aux avis de personnes recommandables, Victoire écrivit à ce prêtre tombé une lettre pleine de zèle et d'onction. Elle sut l'assaisonner de citations si bien choisies, d'exemples si frappants, de réflexions si attendrissantes, que le malheureux ne put la lire sans être éclairé et touché. Grâce en soit rendue à Dieu, il arrosa bientôt des larmes de la pénitence son humble et entière rétractation, et remercia cordialement Victoire de lui avoir rendu l'honneur et la paix de l'âme en l'arrachant au schisme et à l'apostasie.

Cependant la présence de l'intrus Expilly à Quimper, le zèle hypocrite qu'il déployait pour séduire le peuple, la défense faite aux prêtres non assermentés de prêcher, la présence d'espions salariés au milieu des personnes retirées à la Maison de Retraite, pour faire les Exercices spirituels, tout rendait de plus en plus difficile le ministère de la Communauté, tout faisait prévoir que bientôt ce ministère serait impossible. Pour comble d'épreuves, la Providence déchaîna sur Quimper le fléau d'une maladie contagieuse dont Victoire de Saint-Luc faillit être victime. La petite vérole avait déjà causé de grands ravages et les dévouements religieux étaient largement mis à contribution.

Victoire, qui n'avait jamais eu cette dangereuse maladie ne crut pas devoir pour cela s'abstenir de porter secours à ceux que l'épidémie visitait. Une de ses sœurs, Angélique de Silguy, avait perdu un de ses enfants ; en le soignant, elle s'était vue frappée elle-même. Victoire vola à son secours. Malheureusement le courage, la charité ne rendent pas invulnérable ; elle fut atteinte à son tour près du lit de sa sœur et bientôt couverte d'une affreuse petite vérole. La maladie fut grave, longue et douloureuse. Mais, tandis que son corps n'était pour ainsi dire qu'une plaie, son âme surabondait d'une sainte joie : elle pensait aux traits de ressemblance qu'elle avait avec Notre-Seigneur couvert de meurtrissures et déchiré par la flagellation. Défigurée par le mal, elle n'avait qu'une crainte, celle de le communiquer aux autres. Aussi ayant appris que son confesseur n'avait jamais eu la petite vérole, Victoire refusa de l'appeler pour ne pas l'exposer à la contagion, mais elle fit prier humblement l'abbé Gilart de Larchantel, frère de l'une de ses compagnes, de daigner la visiter et l'entendre en confession (1). Ce saint prêtre s'y prêta de grand cœur ; tous les jours il vint offrir les secours et les consolations de son ministère à la pieuse malade. Animé de l'esprit de Dieu, possédant la sublime science de JÉSUS crucifié, le nouveau directeur s'attacha à faire goûter les enseignements de la croix à celle qu'il visitait si charitablement ; il lui fit comprendre que les vrais trésors de la perfection sont renfermés dans la soumission d'esprit et dans le crucifiement du cœur. Cette doctrine sans doute n'était pas nouvelle pour Victoire, déjà elle l'avait singulièrement appréciée, comme nous l'avons vu en admirant ses réflexions et ses notes de Retraites. Toutefois Dieu voulait que ces grands principes de spiritualité brillassent d'un nouvel éclat aux yeux de notre chère malade, sous l'influence de l'abbé de Larchantel. Victoire découvrit comme à nouveau les trésors de l'obéissance, ce grand et perpétuel

---

1. Ce prêtre distingué, descendant d'une de ces familles qui font la gloire d'un pays par leurs vertus héréditaires, était Mr René Vincent de Larchantel ; neveu du Vicaire apostolique et Vicaire général lui-même, il avait quatre sœurs religieuses, dont deux dames de la Retraite. Il fut l'ornement du chapitre de Quimper et le soutien des âmes qui recouraient à ses conseils. Forcé de quitter sa patrie, il rejoignit Monseigneur de Hercé, le saint Evêque de Dol, revint avec lui en France, et périt en héros chrétien comme ce vertueux prélat, après la malheureuse expédition de Quiberon.

martyre de l'âme, ce secret de toute vraie perfection. A partir du jour où ces enseignements lui furent donnés par le vénérable prêtre, un changement vraiment merveilleux s'opéra dans la vie d'ailleurs si belle de Victoire. Estimant plus que par le passé la valeur de l'abnégation intérieure et de tous les sacrifices qui en découlent, elle se prit à regretter toutes les austérités qu'un zèle indiscret lui avait fait pratiquer. Loin de refuser les soulagements réclamés par la maladie, elle les reçut dès lors avec bonne grâce et quelquefois même les demanda avec une douce candeur et une aimable gaîté. En un mot, le renoncement le plus absolu à sa propre volonté devint la vertu favorite de Victoire ; elle saisissait avec empressement toutes les occasions qui lui permettaient d'en faire quelques actes. Cet oubli complet d'elle-même, en la rendant chaque jour plus parfaite au regard de Dieu, ajoutait je ne sais quel nouveau charme à ses vertus et subjuguait les personnes avec lesquelles sa vocation la faisait vivre. Aussi bénissant le Seigneur, s'écriait-elle avec l'accent de la plus vive reconnaissance : « *O mon Dieu, comment pourrais-je assez vous remercier pour toutes les grâces que vous m'avez accordées pendant cette maladie ?* »

Madame de Marigo était à peine rassurée sur la conservation de sa chère malade, qu'elle eut à redouter la destruction même de la communauté. En effet le 1er juin 1791, on vint signifier à la digne supérieure *un arrêté du département* dont le but n'était que trop facile à comprendre. Ordre lui était enjoint de ne donner désormais aucune retraite, qu'après en avoir obtenu l'agrément de monsieur l'Évêque du Finistère ou de ses vicaires ; ordre en outre de faire connaître à ces derniers les ecclésiastiques qui devraient prêcher aux retraites. Enfin l'arrêté défendait d'admettre dans la maison d'autres confesseurs que ceux approuvés par l'Évêque constitutionnel ou par ses vicaires ; et, faute à ces Dames de se conformer aux dispositions ci-dessus mentionnées, *le Département leur faisait défense de donner des retraites, se réservant de prendre à leur égard tel parti ultérieur qu'il serait vu appartenir.* Nous verrons bientôt comment fut pris ce *parti ultérieur !* mode de procéder étrange et sacrilège, bien digne d'un pouvoir arbitraire et schismatique, mais absolument contraire au caractère français. Et cependant, en moins d'un siècle combien de fois la France a-t-elle été témoin de ces lâches et sauvages exécutions ?

L'arrêté du Département affecta péniblement les directrices de la communauté. Bon nombre de personnes et même des dames étrangères venaient d'arriver pour la retraite de l'Ascension, et il fallait les congédier presque aussitôt, ou prêter le coupable serment. Cependant l'hésitation n'était pas possible, et Madame de Marigo et ses pieuses associées furent heureuses de confesser de nouveau, par un catégorique refus, l'intégrité et la persévérance de leur foi. La Retraite n'eut donc pas lieu. Les dames étrangères ne pouvant suivre les Exercices spirituels comme elles l'avaient souhaité, se retirèrent à l'abbaye de Kerlot, pour y passer quelques jours dans le recueillement, la solitude et la prière (1).

Désespéré de son échec près des Directrices de la Retraite, Expilly, le croira-t-on, chercha aussitôt à façonner deux ou trois vieilles patriotes pour remplacer ces incorruptibles Dames. Mais la tâche était trop rude pour la patience d'un tel maître : Ces vieilles patriotes s'entêtant à lire pitoyablement, le mercenaire abandonna volontiers ces directrices de

---

1. L'abbaye de Kerlot, à Quimper, suivait la règle de Saint-Bernard. Les religieuses de cette communauté se sont distinguées par l'exercice héroïque de toutes les vertus. Fidèles aux lois de l'Eglise et aux observances de leur saint ordre, elles ne purent échapper à la violence des Révolutionnaires, qui, selon leurs fières habitudes, enfoncèrent les portes du couvent et jetèrent l'abbesse et ses religieuses dans la rue, le 24 janvier 1792. Madame de Kergu, abbesse de Kerlot, avait adressé en son nom et au nom de ses filles, une protestation contre l'arrêté qui voulait les amener au schisme. Cette protestation est une magnifique paraphrase du « *potiùs mori quam fœdari : Plutôt mourir que nous souiller en violant nos vœux.* » Réponse sublime que toutes firent ensemble, quand on leur notifia l'arrêt. Bien entendu que la tolérance schismatique n'en pouvait tenir compte.

mauvais aloi, et du même coup sacrifia l'œuvre des Retraites jusqu'à nouvelle tentative.

L'orage qui grondait sourdement depuis plusieurs mois sur cette communauté, orage qui s'était annoncé plus terrible au commencement de Juin, fit enfin explosion le 2 juillet suivant (1791); ce jour où l'Église célèbre la bienheureuse visite de Marie à sainte Élisabeth, restera pour les Dames de la Retraite de Quimper un mémorial bien triste d'une odieuse visite du pouvoir persécuteur. Les délégués officiels de ce pouvoir vinrent donc le 2 juillet 1791 signifier à la communauté l'arrêté suivant :

EXTRAIT DES REGISTRES DU DÉPARTEMENT DU FINISTÈRE LE.... JUILLET 1792.
Séance tenue par M... ([1]) *Président.*

N.... procureur général syndic a dit : « Messieurs, Par le décret du 2 octobre 1789, tous les biens ecclésiastiques, tant séculiers que réguliers, ont été mis à la disposition de la nation, etc., etc.......

---

1. L'archiviste de la Retraite met ici en note dans son manuscrit, « que *par ordre de sa supérieure elle laisse les noms en blanc.* » Evidemment l'ordre était inspiré par la charité ; sans le condamner, nous le regrettons. Si la charité est la reine des vertus, la justice a également ses droits, et quiconque les viole au grand jour, mérite de voir son nom inscrit au livre du déshonneur. Que le livre d'or conserve à la postérité cette vaillante et incorruptible légion de magistrats qui ont protesté contre les scandales et les iniquités de l'arbitraire et de la violence, rien de mieux !...

Liv. II, Ch. VII. — Persécutions.

Le Directoire ouï, le Procureur général syndic dans ses conclusions qu'il a laissées par écrit, arrête que N.N..... administrateurs du District de Quimper, et N... commissaire syndic, commissaires nommés par le Directoire, descendent dans le jour chez les Dames de la Retraite de cette ville, pour prendre leur déclaration dernière relative à la *Constitution civile du clergé;* de laquelle déclaration, il sera dressé procès-verbal ; que dans le cas, où les dites Dames persévéreraient dans celles qu'elles ont déjà faites, leur sortie, dans huitaine, de cette maison leur sera notifiée par les dits commissaires ; que les scellés seront incessamment apposés sur les papiers, meubles et effets en général existant dans la dite maison et dépendance, hors ceux qu'elles justifieront leur appartenir, lesquels leur seront délivrés. Fait en directoire de Département, à Quimper.» (Suivent les signatures).«Conforme à l'expédition déposée au secrétariat du district de Quimper. »

En reproduisant intégralement le texte de

Mais pourquoi taire les noms de ceux qui à la face du ciel et de la terre, instigateurs ou agents subalternes, ont foulé aux pieds tous les droits de la justice et de l'honneur ? Tenant compte cependant du vœu exprimé par les Dames de la Retraite de Quimper qui nous écrivent : « *Nous voulons imiter et continuer le silence de Madame de Marigo,* » nous ne publierons pas ici un document précieux venu en notre pouvoir et tiré de deux sources parfaitement authentiques. Mais tout en respectant le désir de ces Dames, l'historien réserve ses droits.

cet arrêté et du suivant, nous voulons prouver sur pièces authentiques le refus du serment fait par les Dames directrices de la maison de Retraite et enregistrer ainsi un des plus beaux titres de gloire de leur communauté.

Continuons le récit des événements de ce jour (2 juillet). Dès les cinq heures de l'après-midi arrivèrent à la Retraite, trois dociles commissaires du district de Quimper, demandant Madame de Marigo, la supérieure, et toute la Communauté. Ces messieurs furent reçus dans le salon réservé aux ecclésiastiques, et comme on peut bien s'en douter, on leur laissa la parole. L'intérêt sincère qu'ils portaient à ces Dames, l'excellence de l'œuvre à laquelle elles travaillaient, le dommage qui en résulterait pour le bien de la religion, si elles persistaient dans leur première déclaration, la catholicité d'Expilly, l'orthodoxie de la constitution civile du clergé.... tels furent les principaux arguments employés par messieurs les commissaires, pour amener les Directrices de la Retraite à se soumettre à l'arrêté du Département ; mais ne cherchant d'autre fortune que le salut des âmes, d'autre gloire que celle de Dieu, d'autre approbation que celle de leur conscience, leur refus du serment fut aussi prompt qu'inébranlable, et elles le signèrent avec joie sur le procès-verbal qui leur fut présenté.

Liv. II, Ch. VII. — Persécutions.

En voici la copie exacte.

« DISTRICT DE QUIMPER :

» L'an 1791, le 2ᵉ jour du mois de juillet, nous......... administrateurs et commissaire syndic du Directoire du district de Quimper, rapportons nous être rendus vers les 5 heures de l'après-midi, à la maison religieuse, dite la Communauté des Dames de la Retraite, où, introduits dans la salle basse, nous avons trouvé Mesdames Marie-Charlotte Marigo, Marie Jeanne Le Borgne, Marie-Esprit Larchantel, Charlotte Rospice, auxquelles nous avons donné lecture de l'arrêté du département du Finistère de ce jour, qui nous commet pour recevoir leur déclaration dernière relative à la constitution civile du clergé. Nous leur avons en outre observé que cette déclaration avait pour objet principal le SERMENT prescrit à tous fonctionnaires publics, par les lois des 24 août et 26 décembre 1790, et 5 avril 1791.

» A quoi les dites Dames ont répondu qu'elles sont décidées à ne pas faire les serments ci-devant mentionnés, et qu'au surplus, elles persistent dans leurs précédentes déclarations, ajoutant que leurs sentiments sont ceux de Madame de Saint-Luc, qu'une maladie actuelle retient dans son appartement.

» Au dessous de laquelle réponse, nous avons conformément aux susdits arrêtés, notifié, à ces

Dames, l'ordre de sortir de la dite maison, dans huitaine pour tout délai ; et pour leur faire connaître que tel est l'arrêté du département, nous leur en avons remis copie, après avoir fixé jour à jeudi, 7 du courant, pour l'apposition des scellés sur les effets qui ne leur appartiennent pas privativement. Requises de signer avec nous le présent, elles l'ont fait.

Signé sur l'original : Marie Charlotte de Marigo, Marie Jeanne de Borgne, Marie-Esprit de Larchantel, Charlotte de Rospiec.

Par adhésion : Marie Victoire de Saint-Luc. »

Puis viennent les signatures des administrateurs du district et du commissaire syndic.

Ces mots : « *par adhésion, Marie Victoire de Saint-Luc* » demandent une explication. Madame de Saint-Luc n'était point encore complètement guérie de la petite vérole qui l'avait conduite aux portes du tombeau, quand vinrent à la maison de Retraite les agents du pouvoir révolutionnaire dont nous venons de raconter le brillant exploit. Les Directrices, présentes à l'injonction, avaient courageusement signé leur refus et avaient en même temps répondu pour la convalescente qui gardait la chambre. « *Mais*, reprit l'un des commissaires, *Madame de Saint-Luc n'est pas présente, et personne n'a droit de répondre pour elle. Qui sait, si elle ne prêterait pas le serment que vous refusez ? — Non, Monsieur, elle ne voudrait pas le prêter*, dit Madame de Larchantel, *son opinion est la nôtre*. » Le commissaire néanmoins insista sur la nécessité d'interroger la malade, et accompagné de Madame de Larchantel, il monta à la chambre de Victoire où l'injonction sacrilège lui fut intimée, en même temps qu'on lui faisait connaître les conséquences de son refus. « *Jamais*, s'écria-t-elle, *jamais je ne prêterai le serment demandé. Je signerai mon refus de mon sang.* » Paroles prophétiques ! Trois ans plus tard, en effet, Victoire de Saint-Luc montera sur l'échafaud à Paris, et signera de son sang son amour pour JÉSUS.

Toute la Communauté était donc fidèle : aussi paya-t-elle bientôt sa digne résistance aux scandaleuses propositions qu'elle avait énergiquement repoussées. Connaissant la date fatale de leur renvoi, ces excellentes filles s'y préparèrent dans l'agonie et la prière. Le 6 juillet elles eurent pour la dernière fois la consolation d'entendre la sainte messe et de communier dans leur chapelle. Le prêtre dévoué qui, en venant célébrer à la Retraite, ne craignit pas de s'exposer à la haine des *patriotes* (Monsieur Vallette, recteur de Kerfeuntun), consomma les saintes espèces, et ainsi, en quittant son sanctuaire, le divin Maître préludait à l'exil de ses fidèles épouses ! Qui dira les larmes amères que celles-ci répandirent en ce moment douloureux où le tabernacle resta vide ?

A peine Monsieur Vallette avait-il quitté la maison, que le fameux GOMAIRE, vicaire général d'Expilly, se présente. « Je viens, Mesdames, dit-il, prendre les vases sacrés. » Puis mettant son étole, il se rend à la chapelle, se précipite vers le Tabernacle, l'ouvre, ainsi que le ciboire, et n'y trouvant plus d'hosties, « *Ah! quelle perfidie!* » s'écrie le misérable apostat, et il vomit ensuite un torrent d'injures contre les Dames de la Retraite et contre les Directeurs du Séminaire. Cet élan de civisme ressemblait passablement à de la rage ; mais le Saint des Saints une fois à l'abri de toute profanation, ces Dames restèrent parfaitement tranquilles ; elles se contentèrent de gémir en voyant ce zélé constitutionnel emporter les vases sacrés et toute l'argenterie de la chapelle, et sortir comme un furieux de la Retraite. Quelques instants après, Gomaire écrivait à Madame de Marigo une lettre tout à fait digne de ce misérable intrus : le silence fut l'unique réponse de la courageuse supérieure.

Cependant il fallait trouver un asile pour la Communauté, car le lendemain, 7 juillet, on devait venir apposer les scellés et l'expulsion devait suivre de près. Tout le monde tremblait à Quimper à cette funeste époque, et s'intéresser à de pauvres proscrites était un acte héroïque sur lequel on ne pouvait compter. Les religieuses hospitalières de l'Hôtel-Dieu eurent seules le courage de le faire, et elles offrirent à ces Dames leur propre maison avec un empressement et une générosité au-dessus de tout éloge. Mais dans la situation où se trouvaient ces victimes de l'arbitraire et de la violence, il leur fallait une retraite plus profonde. Madame de Marigo remercia de son mieux ces excellentes et charitables Hospitalières, et écrivit à la Prieure du Calvaire (1), la R^{de} Mère de Penfentenyo, pour la prier de recevoir dans son monastère sa petite communauté. La réponse de cette sainte religieuse fut aussi prompte que satisfaisante ; et Madame de Marigo décida alors que Madame de Rospiec, accablée par la fièvre, se rendrait dès le jour même au Calvaire, et que Madame Le Borgne l'y accompagnerait pour la soigner.

Le jeudi, 7 juillet, ces messieurs du district, étant venus faire l'inventaire du mobilier de la maison, recommencèrent la scène du 2 juillet, et prenant des airs compatissants : « *Quoi! mesdames*, s'écrièrent-ils, *auriez-vous le courage d'abandonner tout ce mobilier ? faites le*

---

1. Le Calvaire était un couvent de Bénédictines, situé dans la banlieue de Quimper. Ces religieuses parurent oubliées pendant quelque temps, mais la révolution ne tarda pas à les expulser. Depuis le concordat ce monastère est devenu séminaire diocésain.

serment, et le tout vous restera. — Rien ne pourra nous séduire, » fut la réponse unanime de la Communauté.

L'inventaire achevé et les scellés posés, on donna à chacune de ces Dames un couvert d'argent, un lit, une paire de draps, une petite table et une chaise ; puis, pour les dédommager de la seconde paire de draps qu'elles réclamaient en vain, « *ces messieurs leur firent cadeau généreusement de quelques plats et assiettes cassés* ». Au saint homme Job, il n'en resta pas davantage, dit l'annaliste.

La maison n'avait à cette époque ni dettes ni réserve, mais elle était supérieurement montée en linge, argenterie et meubles de toute espèce pour fournir abondamment aux besoins des retraites les plus nombreuses. Madame de Marigo dut laisser les représentants du pouvoir mettre leurs mains spoliatrices sur ce mobilier réservé aux œuvres saintes ; deux jours durant, elle eut sous les yeux, ainsi que ses pieuses compagnes, le spectacle de ces scellés, marque authentique d'un vol sacrilège fait au nom du pouvoir ! Ces deux jours furent une longue agonie. Enfin, le samedi 9 juillet, toutes ces Dames sortirent de leur maison, lieu si cher à leurs cœurs, en bénissant Dieu de les avoir trouvées dignes de souffrir pour son saint Nom et en priant pour leurs persécuteurs. Mademoiselle de Tréouret

Kerstrate, que la terreur générale n'avait pu ébranler, vint les chercher pour les conduire au Calvaire, où elles arrivèrent vers les cinq heures du soir.

« Telle fut la fin d'un établissement qui dut
» sa naissance au zèle des Jésuites (¹), son
» accroissement à la patience, au dévoue-
» ment et aux sacrifices sans bornes de nos
» anciennes directrices, et qui, protégé par les
» Évêques de Quimper d'une manière toute
» spéciale, rapporta tant de fruits pendant plus
» d'un siècle ! » Ainsi s'exprime l'archiviste, à la page des Annales de la maison de Retraite de Quimper, où elle vient de raconter l'expulsion de ces Dames et leur entrée au Calvaire. Elle continue, en nous donnant sujet de grande édification : « Cet établissement fut le premier détruit en Bretagne et peut-être en France, comme étant des plus opposés aux vues des *philosophistes* (sic). Confesser leur foi, mourir pour JÉSUS-CHRIST avant toutes les autres communautés religieuses, quel insigne honneur pour nos vertueuses compagnes ! Est-il plus douce récompense de leur fidélité à bien remplir leur règlement et tous les devoirs du saint état qui avait été si manifestement pour elles le chemin du ciel ? »

---

1. Voir appendice, § III. p. 291.

Chapitre huitième.

Charité des Calvairiennes. — Victoire compose une prière en l'honneur de Saint Michel. — Pieuses correspondances. — Image du Sacré-Cœur. — Le docteur Trémaria.

LES pieuses exilées furent reçues par les Bénédictines du Calvaire avec toute la sympathie qu'elles méritaient. La charitable Prieure du couvent, la R^{de} Mère de Penfentenyo attendait à la tête de toutes ses religieuses la petite troupe qui venait leur demander asile. Elles se tenaient à la porte conventuelle, prêtes à leur ouvrir de grand cœur ce précieux et fraternel refuge. Mesdames le Borgne et de Rospiec rendues depuis vingt-quatre heures au Calvaire, s'étaient jointes à la famille bénédictine. Qui dira l'émotion commune, lorsque la porte hospitalière s'entr'ouvrant, les religieuses cloîtrées reçurent avec une tendresse inexprimable les Dames de la Retraite ! Ce spectacle fit une telle impression sur les chères exilées, qu'elles ne purent articuler une seule parole ; des larmes abondantes furent la première expression de leur reconnaissance et aussi leur unique langage ! Conduites tout d'abord au chœur par la vénérable mère de Penfentenyo, elles se prosternèrent devant le tabernacle où leur cœur retrouvait leur Bien-Aimé, et goûtant la vérité du divin oracle : « *Bienheureux ceux qui pleurent, parce qu'ils seront consolés,* » elles purent s'écrier avec le Roi-prophète : « *Selon la multitude des douleurs de mon cœur, vos consolations, Seigneur, ont inondé mon âme.* »

« Ce saint asile, reprend notre fidèle annaliste, devint en effet pour nos compagnes, une vraie terre de promission où coulaient le lait et le miel, avant-goût précieux du torrent de délices que le Seigneur leur préparait dans la sainte et éternelle demeure que les révolutionnaires ne pourraient leur ravir. » En sortant du chœur, on les mena dans leurs appartements, et rien n'avait été négligé pour les rendre agréables. Celui de Madame de Marigo était vaste et commode. Jugeant de leur douleur par l'amour qu'elle-même avait pour son saint état, la respectable Prieure employait tous les moyens possibles pour faire diversion à leurs peines. Elle avait même dispensé ses religieuses du silence, lorsqu'elles rencontraient ces pauvres bannies. « *Elles sont si malheureuses,* disait-elle à ses filles, *qu'il ne faut rien négliger pour adoucir leur situation.* » Aussi, ces excellentes religieuses se disputaient à d'envi le soin de les distraire, de leur témoigner le plus tendre intérêt ; elles volaient au devant de tous leurs désirs. Ces attentions si touchantes, si multipliées, elles ne cessèrent de les prodiguer pendant les quatorze mois que les Dames de la Retraite ont vécu sous cet heureux toit de la vraie charité.

Deux jours après cette brutale expulsion, le 11 juillet 1791, on faisait à Paris l'apothéose de Voltaire, et les cendres impures du blasphémateur venaient souiller l'église de Sainte-Geneviève transformée en temple d'idoles sous le vocable de Panthéon. Pouvait-on se plaindre d'être persécuté, quand on faisait un pareil outrage au Dieu de toute sainteté ?

La bonne Providence continua d'ailleurs à ménager à ces chères réfugiées les consolations dont elles avaient besoin. Dès le lendemain de leur arrivée au Calvaire, le Père Le Guillou vint leur rendre visite ; et, tant que la chose fut possible, il fut leur conseiller et leur consolateur. L'onction de sa parole ranimait leurs espérances, leur faisait apprécier les fruits de la persécution ; avec ce saint religieux, elles aimaient à méditer au pied de la croix les miséricordes infinies du Seigneur et s'abandonnaient à ses insondables desseins.

Tout dans cette paisible solitude leur rappelait leur chère maison de la Retraite ! Hélas ! cette maison bénie, où vainement l'Évêque constitutionnel voulut faire donner des retraites par ses *vieilles patriotes*, où le civisme essaya vainement ensuite d'installer un hôpital, hôpital laïc, bien entendu, cette maison allait devenir la prison des prêtres, dits réfractaires. Quant au mobilier il fut mis à une sorte de pillage et devint la proie des patriotes. « On » jugera du gaspillage qui fut fait, quand on » saura que les serviettes se vendaient douze » sols la douzaine, et ainsi du reste. » (1)

Madame de Saint-Luc et deux de ses filles vinrent passer plusieurs mois au Calvaire auprès de leur chère Victoire. Elles édifièrent par leurs rares vertus les deux communautés réunies, et souvent on les entendit répéter ces belles paroles du Roi-prophète : « *Le Seigneur est ma lumière et mon salut ; qui pourrai-je craindre ? Le Seigneur est le protecteur de ma vie ; qui me fera trembler ?* » Chose admirable ! Madame de Saint-Luc et ses filles demandaient ensemble tous les jours, non seulement l'esprit de sacrifice, mais particulièrement celui du martyre, si Dieu daignait les en favoriser !

Les pauvres réfugiées, sous le coup de

---

1. Cette maison de la Retraite est actuellement la gendarmerie de Quimper. Elle est à quelques pas de la Résidence et de l'église des Jésuites, sur lesquelles depuis vingt mois (30 juin 1880) sont les scellés d'un gouvernement qui se dit, comme celui de 1791, ami de la liberté. O dérision !...

tant d'épreuves et en prévision de plus grandes encore, priaient pour leur propre sanctification et leur persévérance ; mais elles n'oubliaient pas non plus que par vocation elles devaient travailler au salut et à la perfection des autres. Aussi bien, leurs supplications devenaient-elles ferventes, embrasées, pour obtenir, et le retour de leurs frères égarés par le schisme naissant, et la cessation de la tempête qui menaçait d'engloutir l'Église de France. C'est dans l'espoir de toucher le cœur de Dieu par l'entremise de saint Michel, que Madame Victoire composa, aux approches de la fête du grand Archange, la prière que nous allons transcrire textuellement et que toute la communauté récita neuf jours consécutifs.

Prière a St-Michel, protecteur de la France.

« O grand saint Michel, auguste prince de la milice céleste, Ange tutélaire de l'Église de Jésus-Christ, nous voulons vous honorer d'un culte particulier. Nous bénissons Dieu des grâces particulières dont il vous a comblé et de votre fidélité à y répondre Nous venons réclamer votre assistance et votre puissante protection pour ce pauvre royaume. Il vous regarde comme un protecteur spécial. Il a érigé en votre honneur un Ordre militaire, et il a souvent ressenti les effets de votre puissance. Ah ! ne l'abandonnez-pas et ayez compassion de l'état déplorable où il est réduit. L'impiété et l'irréligion font de coupables efforts pour y détruire l'empire de JÉSUS-CHRIST et y établir leur coupable domination. Ah ! qu'elles ne prévalent pas en ce royaume contre son Église sainte ! Qu'elles ne parviennent pas à élever leur trône sacrilège contre celui de Dieu même ; que l'œuvre d'iniquité ne se consomme pas ! O vous, qui avez été choisi de Dieu pour combattre Lucifer et qui l'avez toujours glorieusement terrassé, venez encore le confondre dans ce royaume, où, depuis plus de trois ans, il semble régner avec un empire absolu ! Prenez en main la cause et les intérêts de JÉSUS-CHRIST et de la religion contre laquelle il semble que l'enfer ait déchaîné toute sa rage. Que le Dieu de bonté vous députe pour nous secourir et pour faire triompher sa gloire ! Qu'il vérifie en notre faveur les paroles de son prophète : « *Que Michel qui combat pour le peuple de Dieu se hâte de vous secourir.* » Oui, saint Archange, armez-vous pour notre défense et combattez pour nous. Vous êtes le chef des armées célestes, mettez-vous à la tête de nos armées [1],

---

1. « Les émigrés se rassemblaient à cette époque sous les ordres de nos princes ; nul doute que ce ne soit pour cette armée que Madame de Saint-Luc faisait des vœux ! » (Note de l'annaliste).

comme autrefois à celle du peuple Juif, pour les guider, pour les conduire, pour les rendre victorieuses, non en exterminant, mais en répandant une salutaire terreur qui fasse rentrer dans le devoir. Ah ! ce n'est pas le sang de nos persécuteurs que nous désirons voir couler, mais des larmes de repentir pour laver et effacer leurs crimes. Que le Dieu d'Abraham, d'Isaac et de Jacob daigne par votre ministère renouveler aujourd'hui pour nous les prodiges de bonté et de puissance qu'il a tant de fois opérés en leur faveur. Que le Dieu tout-puissant nous délivre de l'oppression de nos ennemis par un miracle éclatant, comme autrefois les Israélites de la captivité ! Que le Dieu de bonté qui conserva les trois jeunes Hébreux au milieu des flammes, Daniel dans la fosse aux lions, daigne nous conserver au milieu de tant d'embûches et nous préserver des complots sanguinaires qu'on forme contre nous ! Qu'il regarde d'un œil de compassion ses ministres fidèles qui sont, pour la cause de son saint nom, persécutés et emprisonnés ; qu'il les soutienne et les console ! Que le Dieu de justice qui confondit l'impie Aman et fit triompher l'humble Mardochée, qui arracha la chaste Suzanne des mains de ses infâmes accusateurs, daigne venir au secours des saintes épouses de JÉSUS-CHRIST ; que les complots qu'on forme contre elles tournent à la honte et

Liv. II, Ch. VIII. — Le Calvaire.

à la confusion de leurs persécuteurs ! Enfin que le Dieu de bonté et de clémence qui demanda grâce pour ses bourreaux sur la croix et qui pardonna au larron repentant, daigne pardonner à nos ennemis et les convertir ! Que nous marchions tous dans les sentiers et dans les voies de la vérité ; que la religion refleurisse, que les mœurs se renouvellent, que nous pratiquions des œuvres saintes et dignes de Dieu. Tels sont nos vœux, très glorieux Archange. Daignez les offrir à Dieu, le conjurer d'y être propice, nous obtenir la grâce de lui être fidèles jusqu'à la mort, et à ce redoutable moment, présenter nos âmes devant la Majesté divine et nous introduire au royaume éternel ! Ainsi soit-il. »

Peut-être trouvera-t-on avec quelque raison cette prière trop longue. On conviendra du moins qu'elle ne ressemble en rien à beaucoup de ces formules banales ou vides de solide piété, qu'une dévotion maladive prodigue de nos jours : prières qui fatiguent les âmes sérieuses, qui endorment les autres dans je ne sais quelle molle indolence, au lieu d'exciter au véritable dévouement et à l'esprit de sacrifice. Pour nous, — il nous plaît de le remarquer, — nous admirons cette mâle prière, toute inspirée par l'amour de l'Église et de la France, — généreuse au point d'écarter toute pensée de châtiment à l'endroit des persécuteurs et des bourreaux, ne demandant au contraire pour tous que pardon et miséricorde !

Le Seigneur ferma l'oreille à ces supplications : la France trop coupable avait besoin de passer par l'épreuve ; la coupe de la colère divine devait déborder sur cette nation qui, abdiquant sa glorieuse mission, semblait se livrer à toutes les puissances infernales ennemies de Dieu et de son Église. Mais le glorieux Archange obtint, nous n'en doutons pas, pour Victoire et ses pieuses compagnes, un surcroît de force, de courage et de confiance, toutes les grâces enfin qu'elles avaient demandées avec tant de ferveur.

L'année 1791 s'était terminée par le décret du 29 novembre, qui ordonnait à tous les prêtres de faire le *serment*, sous peine d'être privés de toute pension et de tout traitement. Louis XVI, pour son honneur et en réparation d'une trop grande faiblesse, refusa de sanctionner cet inique décret ; c'est à partir de cette époque que la persécution prit des proportions plus générales contre les prêtres fidèles. Poursuivis avec un acharnement diabolique, ces derniers ne pouvaient plus exercer qu'en cachette leur ministère sacré ; ceux du Finistère, qui ne réussissaient pas à se soustraire aux recherches *des patriotes*, étaient renfermés au château de Brest. De ce nombre furent Messieurs Boissière ([1]) et de Pénanros, qui tous deux avaient rendu de grands services à la maison de Retraite. Le premier défendit victorieusement la communauté dans un très habile mémoire, lorsqu'en 1779 on voulut s'emparer de la Retraite pour en faire un hôpital. Le second, ancien religieux de la Compagnie de Jésus, a composé plusieurs discours en langue bretonne, pour expliquer les images symboliques du Père Huby, images dont les maisons de Retraite font encore usage de nos jours. L'abbé de Pénanros, aumônier pendant dix-sept ans de la famille de Saint-Luc, avait particulièrement dirigé la conscience de Victoire.

Ces deux vertueux ecclésiastiques écrivirent plusieurs fois pendant leur captivité à celle dont ils avaient su apprécier la haute vertu, et plus d'une page de cette correspondance rappelle les épîtres des premiers confesseurs de la foi. Nous sommes heureux de pouvoir citer

---

[1]. L'Abbé Dominique-Henri-Alexandre Boissière, né à Rennes en 1745, fut pendant 18 ans secrétaire de Mgr de Saint-Luc, évêque de Quimper. Plein d'intelligence et d'activité, unissant à une solide piété, une grande aptitude pour l'administration, il fut d'un puissant secours pour le saint Prélat qui avait mis en lui sa confiance. Déporté en Espagne le 12 août 1792, il y resta jusqu'au retour des émigrés. Revenu à Quimper après le Concordat, il reprit ses fonctions de secrétaire de l'évêché et fut en même temps nommé chanoine titulaire de l'église cathédrale le 6 décembre 1803. Épuisé bien plus par les chagrins et les privations de l'exil que par l'âge, il mourut le 21 février 1805, trois ans après son retour de l'émigration.

une de ces lettres adressée par ces vénérables prêtres à Victoire et à ses autres sœurs. Elle est sans date ; mais il n'est pas douteux, qu'elle n'ait été écrite du château de Brest en 1792.

Rolland et Dominique, captifs pour Jésus-Christ aux très respectables et très chères en Notre-Seigneur, Victoire, Angélique, Félicité et Euphrasie, la grâce et la paix de Notre-Seigneur Jésus-Christ.

« Nous rendons grâces à notre Dieu, devant lequel nous faisons sans cesse mémoire de vous, de la charité et de la foi qu'Il entretient dans vos cœurs envers nous et envers tous nos co-captifs. Nous avons fait la distribution des gages précieux, de votre dévotion et de la nôtre pour le divin Cœur de Jésus. Il nous en reste encore au moins deux douzaines, qui seront placés à fur et mesure qu'il nous arrivera des confrères, si toutefois ils ne sont pas tous en sûreté à présent (1). Prenez garde,

---

1. Dans une autre lettre écrite par M. de Penanros, le 19 juillet, de la prison de Brest, à l'intendant du château du Bot, on lit ces paroles : « Toute la confiance des détenus est en Dieu. Le Sacré-
» Cœur de Jésus souffrant allège leurs peines d'une manière
» sensible. J'ai su qu'ils ont reçu avec reconnaissance 24 images
» en étoffe et en toile brodées de ce Cœur adorable. Malheureu-
» sement il n'y en avait pas assez pour tout le monde. »

nous vous en prévenons, de nous faire perdre le mérite du peu que nous souffrons, par la trop grande idée que vous en avez et par les éloges que vous donnez à des serviteurs inutiles qui ne font que leur devoir. Priez Dieu que nous ne nous mettions pas dans le cas d'entendre de sa bouche ces terribles paroles : « *Vous avez déjà reçu votre récompense.* »

» Suivant les apparences, on va nous transporter dans une terre étrangère. Tous les pays le doivent être pour des chrétiens ! Ce que nous voyons, ce que nous éprouvons, nous le prouverait assez, si nous en doutions. Demandons les uns pour les autres l'esprit de détachement et ayons confiance que celui qui a commencé en nous l'ouvrage de notre salut l'achèvera pour sa gloire et pour notre bonheur.

» En attendant, nous bénissons le Dieu de toutes consolations qui daigne nous en donner de si abondantes, que nous puissions nous-mêmes consoler ceux qui sont dans la peine à notre sujet. Nous vous exhortons donc à ne vous pas contrister, mais à vous réjouir plutôt de nous savoir exposés à plus d'une espèce de danger de la part des hommes. Dieu les écartera de nous, si c'est sa sainte volonté ; et s'il veut que nous consommions le sacrifice, il nous a donné trop de marques de sa protection et de son amour, pour que nous n'y puissions pas compter jusqu'à la fin.

» Du reste, nous ne renonçons pas au plaisir de vous revoir, et ce désir subordonné aux desseins de la Providence sur nous est aussi vif que notre position le permet. Conservez-nous celui de nous obtenir par vos prières les grâces dont nous avons besoin pour correspondre à celles que nous avons déjà reçues et en mériter de nouvelles.

» Les deux captifs vous saluent pour eux et leurs confrères.... La grâce de Notre-Seigneur JÉSUS-CHRIST soit avec votre esprit ! » (1)

Victoire, enflammée de zèle pour la gloire de son Dieu, n'avait pu résister au saint désir d'encourager ces nobles victimes de la persécution, prêtres fidèles, qui à l'exemple des premiers apôtres, avaient préféré la prison, les peines de l'exil et la perspective même de la mort à l'apostasie. Aussi la pieuse et ardente Victoire leur avait-elle écrit une longue et

---

1. Pour éviter de se compromettre dans leur correspondance, Messieurs Boissière et de Pénanros ne se désignaient que par leurs noms de baptême. *Dominique* c'était l'ancien secrétaire de Mgr de St-Luc, *Rolland*, c'était le Père Jésuite de Pénanros. Ce dernier mourut le 4 Août 1793, à Montenédo, ville du royaume de Galice en Espagne. L'extrait mortuaire, donné par le curé recteur de l'unique paroisse de cette ville, don Benoît-Antoine Vellasquez del Valle, le 28 octobre 1796, sur la demande de Monsieur Boissière certifie la susdite date « de la mort de don Hervé Rolland le Guillou de Pénanros, prêtre français, exilé depuis quatre ans pour n'avoir pas voulu prêter le serment civique ; lequel originaire de la paroisse d'Elliant, diocèse de Quimper, âgé de 59 ans 7 mois, n'avait pas fait de testament. »

(Voir p. 600. *Histoire de la persécution religieuse*, par l'abbé Téphany.)

Liv. II, Ch. VIII. — Le Calvaire. 165

touchante lettre, remplie de sentiments dignes des héroïnes de la primitive Église. Elle les avait félicités sur la fermeté de leur foi et sur le bonheur qu'ils avaient d'être emprisonnés et maltraités pour le nom de JÉSUS-CHRIST. Son cœur s'épanchait en s'entretenant avec eux de la gloire éternelle et des torrents de délices réservés à leur persévérance ; semblable à l'athlète qui se prépare au combat, l'intrépide vierge exaltait son propre courage en enflammant celui de ses compagnons déjà entrés dans la lice et prêts à cueillir la palme du triomphe. C'est à cette lettre, monument de la foi et de l'ardente charité de Victoire, que les vénérables captifs avaient répondu, laissant à leur tour un monument non moins admirable de leur humilité et de leur parfait abandon à la divine Providence.

Ce commerce épistolaire était pour Victoire de Saint-Luc une consolation et un apostolat. Conservant une sérénité parfaite au milieu des tristes événements de l'époque, elle cherchait par sa correspondance à soutenir le courage des autres. Prêtres, parents, amis de la famille, tous étaient l'objet de son ardente sollicitude, en même temps que sa douceur, son esprit de prière et l'aménité de son caractère édifiaient et dilataient les cœurs de tous ceux qui l'entouraient.

Les archives qui nous guident dans notre

travail, font surtout remarquer que la pieuse artiste employait à faire des peintures sacrées tous les moments laissés à sa disposition. Son ardent amour pour le Cœur de JÉSUS la poussait à dessiner et à peindre quantité d'emblèmes représentant le divin Cœur; elle s'industriait de mille manières pour les faire parvenir à ses parents et à ses amis, et pour propager ainsi cette salutaire et touchante dévotion. Elle était occupée de son travail de prédilection, lorsqu'un jour le docteur de Trémaria-Laroque, faisant la visite de ses malades au Calvaire, passa près de la cellule entr'ouverte de notre pieuse artiste. Victoire connaissait la religion du médecin, elle se fit donc un bonheur de lui offrir une de ses images. Monsieur de Trémaria l'accepta avec joie, et remerciant la sainte fille de son présent : « Oserais-je, ajouta-t-il, vous demander une autre image pour mon frère, capitaine de vaisseau à Lorient ? — Bien volontiers, répondit l'heureuse zélatrice du Sacré-Cœur, et veuillez, docteur, recommander à Monsieur votre frère de mettre sa confiance dans le Cœur de JÉSUS dont cette image lui rappellera la charité. Ce sera le moyen d'attirer sur lui les bénédictions du Ciel. » Le docteur promit et se retira.

« *Nous entrons dans ce détail*, continuent les archives, *parce que le don de cette image fut l'unique prétexte des révolutionnaires pour faire périr Victoire de St-Luc... Qu'il est consolant et glorieux de mourir pour une cause si belle!* » (1)

---

1. Signalé comme répandant dans le pays cet emblème religieux, M. le docteur de Trémaria avait été arrêté une première fois, et remis ensuite en liberté. Mais cette affaire qui paraissait terminée, fut réveillée plus tard, et présentée, en haine du catholicisme, sous les aspects politiques les plus compromettants. Plusieurs personnes mortes sur l'échafaud et grand nombre de vendéens tués dans les combats, avaient été trouvés revêtus de cette sainte image. Dès lors, les Jacobins publièrent partout que c'était un signe de fanatisme et de rébellion. Monsieur de Trémaria fut une seconde fois incarcéré au commencement de 1794, et il mourut sur l'échafaud en juillet, même année, avec une de ses filles qui par un héroïque dévouement avait pris la place d'une de ses sœurs, religieuse Calvairienne. Cette dernière, dénoncée comme suspecte, était gravement malade, au moment où la force armée vint la chercher pour la mettre en état d'arrestation. Craignant qu'on ne l'enlevât quand même de son lit, sa sœur se présenta aux gendarmes qui l'arrêtèrent à la place de la malade et l'amenèrent à la prison criminelle de Quimper. Quelques semaines plus tard, elle languissait dans les cachots de la Conciergerie. C'était la dernière étape avant de monter à l'échafaud.

Rendue à la santé, la religieuse du Calvaire ne fut pas inquiétée et le reste de ses jours, elle célébra le dévouement de son héroïque sœur dont le trépas fut à la lettre le martyre de la charité fraternelle.

LIVRE TROISIÈME.

Chapitre premier.

Victoire au château du Bot. — Elle est appelée une première fois devant les tribunaux. — Quelques mois de calme en famille au Bot. — Le château envahi. — Arrestation de Victoire et de ses parents. — Voyage des captifs. — Prison de Carhaix. — L'athée converti.

E séjour des Dames de la Retraite chez les Bénédictines du Calvaire ne pouvait être de longue durée, à une époque où les monastères étaient l'objet d'une incessante persécution. Aussi retrouvons-nous Victoire au milieu de sa famille dès le commencement de l'année 1792 ; et des lettres authentiques attestent que le 2 Juillet de la même année, cette chère proscrite était la consolation et l'édification des siens. « *Nous vous félicitons d'avoir sainte*

Victoire, » écrivaient à cette date, de leur prison de Brest, les abbés Boissière et de Pénanros, à Monsieur de Saint-Luc à sa terre de Bot. Mais cette terre elle-même ne devait pas échapper à la persécution. La famille de Saint-Luc était profondément attachée à la religion catholique et à la monarchie ; elle donnait volontiers asile aux prêtres du canton que poursuivaient les *patriotes*, son zèle avait déjà réussi à ramener aux vrais principes plusieurs pauvres égarés ; il n'en fallait pas tant pour être suspecté, menacé et jeté dans les fers. Maintes fois en effet des émissaires du pouvoir vinrent forcer le château comme un repaire dangereux : « Tantôt, c'était l'Évêque de St Pol-de-Léon qu'ils voulaient découvrir ; tantôt des prêtres réfractaires ; une autre fois ils prétendaient trouver des armes ! » Nécessairement ce beau système devait aboutir à des incarcérations.

Déjà au mois de juin 1791, tandis que les Dames de la Retraite étaient à la veille de leur expulsion, la famille de Saint-Luc avait été forcée de passer plusieurs jours à Landerneau, en état d'arrestation. Rentrés au Bot, les nobles habitants purent, en 1792, jouir durant quelques mois d'une demi sécurité ; mais le 15 octobre, d'arbitraires inquisiteurs vinrent de nouveau jeter l'alarme au château ; au nom de je ne sais quelle loi, ils emmenèrent Monsieur et Madame de Saint-Luc à Quimper pour y demeurer sous la surveillance d'un pouvoir ombrageux. Six semaines plus tard, la liberté était de nouveau rendue à ces honorables *suspects* qui se hâtèrent en plein hiver de revenir habiter le Bot. Ils ne purent y terminer la rude saison. A peine le crime exécrable du 21 Janvier fut connu, et de nouveau les mandats d'arrêts étaient lancés. La famille de Saint-Luc, catholique et royaliste entre toutes, fut traitée en ennemie et à ce titre replacée sous la surveillance à Quimper. Tant de tracasseries, tant d'indignes traitements étaient de mauvais augure pour l'avenir ! La révolte contre l'Église de Jésus-Christ et le renversement de la royauté, n'était-ce pas le signe avant-coureur de tous les forfaits et de tous les malheurs ?...,

Monsieur et Madame de Saint-Luc subirent avec dignité, mais non sans douleur, ces odieuses violences ; leur noble attitude à Quimper, pendant cet internement qui dura six mois, put donner à réfléchir aux caractères abaissés de plus d'un félon, traître à sa foi et à la France catholique. C'est dans le cours de Juillet, quand Victoire partageait le sort de ses nobles parents, que la pieuse fille fut tout à coup mandée à la barre du juge d'instruction, pour subir un interrogatoire devant le tribunal du département. Victoire n'en pouvait deviner le motif, mais ses parents en furent épouvantés.

Tout son crime consistait dans sa dévotion

spéciale au Sacré-Cœur de JÉSUS, qui, comme nous l'avons déjà remarqué, la portait à peindre et à propager autour d'elle les emblèmes de ce divin Cœur.

Après quelques préambules insignifiants, on arriva au grand chef d'accusation. « Pourquoi, lui demanda-t-on, faisiez-vous ces emblèmes, ces images de la superstition, ces signes de la rébellion et du fanatisme ? — *Mais*, répondit Victoire avec un calme et une franchise capables de désarmer les plus malveillants, *vous saviez bien qu'étant religieuse, il est tout naturel que je m'occupe de semblables travaux, et que je fasse des images de piété.* » On ne s'en tint pas là ; l'interrogatoire se prolongea beaucoup, car les juges multiplièrent leurs questions captieuses, dans l'espoir de mettre l'accusée en contradiction avec elle-même. Ce fut en vain ! Forte de son innocence et douée d'ailleurs d'une grande présence d'esprit, Victoire loin de se déconcerter, répondit à tout avec une sagacité, une bonne foi et une franchise qui parurent à la fin convaincre les juges : on crut que la chose en resterait là. Aussi revint-elle bien vite rassurer sa famille, et quand elle eut achevé de raconter avec une aimable gaîté tout ce qui venait de se passer au tribunal : « *Désormais*, ajouta-t-elle, *on nous laissera en paix : on a bien vu que nous ne sommes pas des conspirateurs.* » Ces espérances parurent d'autant

Liv. III, Ch. I. — Arrestation.

plus légitimes, que vers la fin d'Août 1793, il fut permis à Monsieur et à Madame de Saint-Luc de retourner à leur terre du Bot avec tous leurs enfants. L'illusion, hélas ! ne fut pas de longue durée !

Monsieur de Saint-Luc qui, pendant le courant de l'été, avait déjà subi deux mois d'arrestation, se réjouissait de se retrouver au milieu des siens, espérant goûter quelque repos après tant d'orages. Sa joie fut courte. Sa noble et vertueuse épouse ne s'abusait pas sur ce point. Elle revoyait, il est vrai, une habitation où elle avait passé les premières années de sa jeunesse ; où depuis près de vingt ans encore, elle avait essuyé tant de larmes et fait tant d'heureux, mais elle n'y reparaissait qu'avec les plus tristes pressentiments. Elle ne pouvait croire qu'elle fût chez elle, comme elle le disait souvent à ses filles, et n'y commandait plus qu'avec répugnance. Bientôt les événements prouvèrent que Madame de Saint-Luc ne se trompait pas. Les visites domiciliaires recommencèrent au château, et avec elles, les bruits les plus sinistres et les plus alarmants. Six semaines s'écoulèrent dans ces angoisses et ces incertitudes ; on se demandait chaque jour, si, le lendemain, on ne serait pas arrêté. Victoire et sa pieuse mère se préparaient à tout ce qui plairait à Dieu et s'ingéniaient à encourager tous ceux qui les entouraient.

Les deux prétendus vicaires-généraux de l'intrus Expilly, avaient jeté l'interdit sur la chapelle du Bot ; l'aumônier de la famille avait dû fuir la persécution ; on ne pouvait donc trouver dans les sacrements la force incomparable qu'ils confèrent aux jours de l'épreuve. Mais Madame de Saint-Luc et Victoire y suppléèrent dans une certaine mesure par la ferveur de leurs prières ; et l'une et l'autre, entrevoyant le sort qui leur était réservé, s'efforçaient de sanctifier leurs affections les plus légitimes : la fille et la mère étaient prêtes à entreprendre un voyage qui, selon toute apparence, précéderait de peu d'instants celui de leur éternité.

Le trait qui est prévu frappe moins que celui qui arrive à l'improviste : aussi la famille de Saint-Luc ne fut-elle pas surprise de voir le 10 octobre 1793 le château cerné et bientôt envahi par un détachement de gendarmes. Quatre personnes seulement se trouvaient alors dans l'habitation : Monsieur et Madame de Saint-Luc, Victoire et Euphrasie, leur plus jeune fille. Menacées d'abord d'être conduites à la prison du Faou, petite ville à quelque distance du Bot, tandis que Monsieur de Saint-Luc serait seul conduit et détenu à Carhaix, — ces dames éplorées demandent avec instance de ne pas être séparées du chef bien-aimé de la maison. Les gendarmes, pour toute réponse, pénètrent dans la chambre du vénérable vieillard que des douleurs aigües retenaient cloué sur le lit, et s'adressant au malade : « *Citoyen,* lui disent-ils, *nous sommes chargés de conduire à Carhaix toi et tous les tiens.* » A ces mots, qui d'ailleurs sont une condamnation, tout le monde respire ; les cœurs, que la crainte d'une séparation avait resserrés, se dilatent, et l'assurance d'être réunis dans la même prison devient un bonheur. Les ordres étaient nets : il fallait partir sans retard. Les apprêts du voyage furent donc précipités ; mais ce ne fut pas chose facile de trouver une voiture capable de transporter Monsieur de Saint-Luc : la moindre secousse devait rendre ses souffrances intolérables.

Pendant ces douloureux préparatifs, les sanglots retentirent dans toute la maison : de vieux et fidèles serviteurs, baignés de larmes, adressaient à leurs bons et vénérés maîtres les adieux les plus émouvants ; les maîtres de leur côté, touchés jusqu'au plus intime de leur âme, répondaient plus encore par leurs pleurs que par leurs paroles, à ces démonstrations si cordiales et si vraies. Mais la scène devint plus attendrissante encore, lorsqu'au sortir du château, Monsieur et Madame de Saint-Luc et leurs enfants se virent comme escortés par deux haies de braves paysans venus en toute hâte, à la première nouvelle de l'arrestation de leurs maîtres. C'étaient les villageois et les fermiers qui perdaient moins leurs châtelains que leurs bienfaiteurs, et dont les larmes et tous les signes d'une douleur qui ne pouvait se contenir, prouvaient bien que le gouvernement de ces *aristocrates* n'était pas si barbare ! Les nobles captifs remercièrent de la manière la plus touchante ces excellents et fidèles serviteurs, tandis qu'ils n'opposaient que la patience et la prière du pardon aux chants infâmes, aux grossières insultes que leurs conducteurs faisaient retentir à leurs oreilles.

Arrivés au déclin du jour à Chateaulin, on voulut les faire coucher dans la prison; ce lieu extrêmement étroit, pouvait à peine contenir six personnes et cependant on y avait déjà entassé vingt-quatre voleurs ou assassins ! A force d'instance, les captifs obtinrent de passer la nuit dans une auberge, et le lendemain, on se remit en route pour Carhaix. En apercevant les deux grosses tours qui signalent au loin cette vieille cité bretonne, nos voyageurs éprouvèrent la plus vive émotion, et cette sorte d'agonie qui envahit le cœur d'un malheureux en face du cachot ou du gibet qu'on lui réserve. Mais, chrétiens fervents, ils dominèrent bientôt ce sentiment d'horreur et d'épouvante ; et saluant le lieu de leur nouvelle captivité qui leur faisait entrevoir le supplice du Calvaire :
« *O crux, ave, spes unica!* s'écrièrent-ils : O croix,

Liv. III, Ch. I. — Arrestation.

nous vous saluons ; croix, notre unique espérance !» Victoire et sa généreuse mère aimaient surtout à répéter cette douce invocation. Il leur était bon en effet, et il leur sera bientôt nécessaire d'appeler à leur secours celui qui pour nous a daigné mourir sur la croix.

La prison de Carhaix était l'hôpital de Notre-Dame de Grâce, dont on avait violemment expulsé les religieuses qui le desservaient (1). Après la sortie des Augustines Hospitalières, on avait d'abord transformé leur maison en caserne ; de caserne elle était devenue prison. C'était assez logique à cette époque d'arbitraire et de cruauté. Inutile d'ajouter que, par suite du gaspillage dont la licence effrénée des patriotes saura toujours donner de trop nombreux exemples, cette demeure autrefois si calme et si pure, si largement meublée pour tous les besoins des malades, était à l'arrivée

---

1. Nous voudrions pouvoir relater avec quelle brutalité l'autorité municipale suivie d'une compagnie entière de grenadiers coloniaux força les portes de la communauté de N. D. de Grâce et la livra au pillage ; nous voudrions surtout faire admirer l'attitude calme et sublime des hospitalières au milieu des envahisseurs; mais notre sujet ne nous permet pas d'entrer dans ces détails. Toutefois nos lecteurs nous permettront de leur citer la magnifique réponse d'une jeune sœur à un agent du pouvoir qui sans doute voulait la sauver. Comme ses autres compagnes elle se disposait à signer l'acte de refus de quitter la clôture et de profiter de la liberté accordée par les décrets ; elle cherche de l'encre et d'un geste elle en demande à l'officier exécuteur des arrêts : « Mais, Madame, dit celui-ci, il n'y a pas d'encre dans la plume. — *Si l'encre manque*, reprend l'héroïque fille, *j'ai du sang dans les veines !* »

de la famille de Saint-Luc, dans le plus affreux délabrement. Les appartements dépouillés de tout, n'offraient plus que le spectacle de la malpropreté la plus révoltante. Aussi, comment exprimer la douleur de Victoire, quand, en entrant dans cette *maison d'arrêt*, elle constata que son malheureux père épuisé de fatigue et de souffrance, n'allait pas même avoir un méchant grabat pour prendre quelque repos ? Que dire de la nourriture ? C'est à peine si les geôliers vinrent déposer sur la terre nue devant ces nobles captifs un mauvais potage, un morceau de pain sec et une cruche d'eau ! Ajoutez à ce dénuement extrême un genre de souffrance plus cruel encore, je veux dire la compagnie des nombreux détenus entassés dans cette prison. En moins d'un mois en effet, quand la caserne eût été métamorphosée en *maison de détention*, on y avait réuni une multitude de criminels, de gens sans aveu et sans foi, lesquels ayant au cœur la haine de Dieu et de l'ordre, se vengeaient de leur juste emprisonnement sur les honorables victimes qu'on leur avait indignement associées. C'était un flot perpétuel d'ignobles injures et de sanguinaires menaces ! Cette prison semblait le vestibule de l'enfer: les blasphèmes, les vociférations, les cris de rage, les propos les plus immondes retentissaient jour et nuit dans ces vastes et hideuses chambrées. Heureusement, au milieu de tous ces scélérats, il y avait quelques âmes pures dont les gémissements et les prières s'élevaient vers le Seigneur pour lui demander pardon et miséricorde ! La famille de Saint-Luc, et en particulier Victoire, se fit remarquer dans cet affreux pêle-mêle par une patience, une résignation et une douceur que Dieu voulut bénir. Victoire en effet n'avait point oublié que sa vocation lui faisait un devoir de travailler au salut des âmes. La prison devenait pour elle une maison de Retraite ; elle voulut, à force de charité et de dévouement, toucher le cœur des infortunés qui partageaient ses chaînes. Douce, épanouie, serviable et complaisante à l'égard de tous, le sourire et une bonne parole sur les lèvres, elle fut la consolation, non seulement de ses parents, mais encore de la plupart des prisonniers renfermés dans ce triste asile. Dépourvue de tout, elle sut néanmoins procurer encore quelques adoucissements à la misère des autres ; elle calma peu à peu les plus exaspérés, rendit au plus grand nombre la vertu aimable, et inspira même à quelques-uns le désir de la pratiquer.

Un jeune homme, qui se vantait d'être athée, excita tout particulièrement le zèle de notre pieuse captive. Victoire savait que ce prétendu esprit fort, l'ayant reconnue pour une épouse de Jésus-Christ, ne pouvait l'envisager sans colère. C'en était assez pour qu'elle redoublât de soins et d'égards envers cet infortuné. Gagné peu à peu par la bonté de la captive, puis édifié par sa charité, le jeune incrédule se laissa aborder, entama conversation avec elle, et, la grâce de Dieu aidant, ouvrit bientôt son âme à la douce influence de cette intelligente et charitable compagne. Victoire était poète ; elle adressa au jeune prisonnier une petite lettre en vers pleins de délicatesse et d'à propos. Sensible à cette attention, notre philosophe répondit par une autre pièce ; une aimable joute littéraire et poétique s'engagea, et le fruit de cette lutte fut la conversion du prodigue et son retour à la foi de ses pères. Ce ne fut pas la seule conquête qui consola le cœur de Victoire : plusieurs autres détenus, touchés de la grâce et admirant une religion qui produit tant de vertus, changèrent également de conduite et menèrent dans la suite une vie irréprochable.

Chapitre deuxième.

Victoire est amenée de la prison de Carhaix à celle de Quimper. — Pieux sentiments de Victoire.

Il y avait trois mois et demi que la famille de Saint-Luc était sous les verrous, à Carhaix, lorsque le 2 février 1794, on vint arracher tout-à-coup Victoire des bras de son père et de sa mère pour la conduire à Quimper et l'y incarcérer. Sa dévotion au Cœur de JÉSUS fut le prétexte de cette nouvelle vexation. Tandis qu'on jetait en prison le docteur de Trémaria, parce qu'il répandait dans le pays l'image du Sacré-Cœur, les patriotes ne pouvaient manquer de citer à leur barre et sous le même chef d'accusation celle qui avait donné au docteur le religieux emblème, celle qui tant de fois s'était montrée la zélatrice de cette touchante dévotion.

On comprendra sans peine combien douloureuse fut cette nouvelle séparation, et quels tristes pressentiments l'accompagnèrent. Mais il fallait partir sans retard. Le temps était affreux, le vent soufflait avec violence, la pluie tombait à flots. Victoire pressée par les deux gendarmes qui devaient l'escorter, monta sur un méchant cheval et prit la route de Quimper. C'était l'innocence conduite par la force au séjour des criminels ! Ainsi, entre deux gendarmes, sous une pluie qui la pénétra bientôt jusqu'aux os, Victoire parcourut, à travers un pays montueux, la longue route (1) qui conduit de la ville de Carhaix au chef-lieu du département. Objet de la curiosité indiscrète et parfois des sarcasmes de quelques voyageurs, elle trouva dans certaines femmes de la campagne qu'elle avait instruites à la Retraite, une touchante sympathie, et elle dut elle-même les consoler par ses douces paroles. Du reste, elle comparait tristement ce douloureux voyage avec celui que, douze ans auparavant, elle avait fait, lorsque accompagnée de sa pieuse mère et de son saint oncle, Mgr de Saint-Luc, elle était venue se consacrer à Dieu dans le Sanctuaire de la Retraite. Les temps étaient bien changés ! Mais loin de se laisser abattre par les souffrances présentes et par la perspective de la mort qui lui semblait désormais inévitable, elle se sentait au contraire animée d'un nouveau courage, elle s'unissait à Jésus-Christ chargé de sa croix et montant au Calvaire, et soupirait après le martyre, objet depuis si longtemps de ses ardents désirs. Déjà le Vendredi saint 1793, elle avait consigné par écrit ses volontés dernières et la noble

---

1. Quatorze lieues de distance.

protestation qu'elle faisait de vouloir mourir au pied de la croix. Désavouant les plaintes, la sensibilité, l'émotion et l'amertume de l'âme et tous les mouvements de la nature, elle renouvelle dans ce testament sacré l'oblation qu'elle avait faite précédemment à son divin Maître.

Nos lecteurs aimeront à méditer ces belles pages que les archives de la famille de Saint-Luc nous ont conservées (1).

« Que ce jour, ô mon Dieu, qui nous rap-
» pelle l'excès de votre amour infini et
» incompréhensible pour les hommes, est bien
» propre à fortifier mon cœur et à ranimer
» mon courage, dans les circonstances pénibles
» et difficiles où nous nous trouvons réduits!
» Après la lecture et la considération de vos
» humiliations et de vos douleurs, à la vue de
» votre croix, de votre sang qui coule pour
» moi, de quoi, Dieu Sauveur, pourrais-je me
» plaindre ? qu'est-ce qui pourrait me sembler
» trop rude à moi misérable créature, coupable
» et indigne pécheresse ? Pardonnez-moi donc,
» ô mon Dieu, mes murmures, mes plaintes
» involontaires, la sensibilité, l'émotion, l'amer-
» tume de mon âme. Je désavoue ces senti-
» ments de la faible nature au-dessus desquels,
» avec votre grâce, je veux m'élever. C'est

---

1. Ces fragments des écrits de Victoire avaient été remis par Victoire elle-même à Madame Angélique de Silguy, sa sœur, à la prison criminelle de Quimper, dans le courant de février 1794.

» dans les vues de la foi que je veux considérer
» mes maux, et toutes mes peines me semble-
» ront gloire et bonheur. Loin de me troubler,
» de m'effrayer à la vue de cette carrière de
» souffrances qui s'ouvre devant moi, je jetterai
» les yeux sur mon chef, sur l'auteur et le
» consommateur de ma foi, et je m'estimerai
» heureuse d'avoir quelques traits de ressem-
» blance avec l'Époux divin à qui je me suis
» consacrée. Je me rappellerai que ce fut le
» jeudi saint, veille de sa passion, que je lui
» fis, après la Communion, par le vœu de
» Virginité, la consécration entière et irrévo-
» cable de mon corps, de mon cœur et de tout
» mon être ; que je choisis ce jour particuliè-
» rement, d'après l'avis de mon respectable
» oncle, pour me faire souvenir que c'était à
» un époux de sang et de souffrances que je
» me donnais, et que ma consécration empor-
» tait l'obligation de me dévouer pour jamais
» à la croix, aux souffrances et à la mort, me
» résignant de tout mon cœur à partager avec
» JÉSUS-CHRIST le calice amer de ses douleurs,
» s'il daignait m'en faire part. Il semble, ô
» mon Dieu, que vous avez daigné écouter la
» préparation de mon cœur ; car depuis cette
» époque, les croix de toute espèce sont venues
» m'assaillir ; croix de corps, d'esprit et de
» cœur ! mais il ne peut y en avoir d'aussi rude
» que celle que nous souffrons maintenant,

» privées de toute consolation. Je ne m'en
» plains pas, ô mon Dieu, je vous en bénis
» même ; mais je vous demande votre secours
» et votre grâce pour la porter avec fruit,
» reconnaissant humblement que de moi-
» même je ne puis rien, et qu'en vous seul est
» toute ma force : *Omnia possum in eo qui me*
» *confortat.* Faites-moi goûter et gravez bien
» avant dans mon cœur vos divines maximes:
» *Heureux ceux qui souffrent ; heureux ceux qui*
» *pleurent ; heureux ceux que l'on persécute pour*
» *la justice.* Faites-moi bien comprendre qu'il
» n'est point de plus grand bonheur que celui
» d'être traité comme vous, que c'est la récom-
» pense que vous avez promise à vos disciples,
» que c'est la voie des élus, et que la croix
» est le plus court chemin pour arriver au ciel.
» C'est pour cela que saint Chrysostôme di-
» sait : *Crux, et statim paradisus.* Ah ! qu'il
» est beau de souffrir, quand on a Dieu pour
» témoin, Jésus-Christ pour juge et pour
» modèle, le ciel pour récompense! Comprends-
» le donc bien, ô mon âme ! et tressaille de
» joie au milieu de tes peines, à l'exemple des
» apôtres, d'être jugée digne de souffrir quel-
» que opprobre pour le nom de Jésus. Que
» n'as-tu les sentiments généreux de ces saints
» amants de la Croix qui, y mettaient toute
» leur gloire et leur bonheur; d'un saint André
» qui s'écriait à la vue de la sienne : *O bona*

» *crux tamdiu desiderata !..* d'un saint Jean
» de la Croix, qui, pour récompense de ses
» travaux ne demandait que des souffrances,
» des humiliations, des peines ; d'un saint Xa-
» vier, qui, au plus fort des siennes, s'écriait :
» *Amplius !* encore davantage ! tandis qu'au
» milieu des consolations, il conjurait Dieu de
» les modérer : *Satis, Satis !* disait-il ; d'une
» sainte Thérèse, qui voulait ou souffrir ou
» mourir : *Aut pati aut mori !* dédaignant une
» vie sans croix, et estimant avec raison qu'un
» bonheur sans prix ne peut être acheté trop
» cher ; d'une sainte Madeleine de Pazzi, qui
» ne voulait vivre que pour souffrir plus long-
» temps : *non mori, sed pati ;* enfin de tous les
» martyrs, ces généreux athlètes de JÉSUS-
» CHRIST, qui tressaillaient de joie sur les
» chevalets, au milieu des brasiers et des coups
» de fouets dont on les déchirait, comprenant
» que rien n'est plus glorieux pour l'homme
» que de souffrir pour son Dieu et à son
» exemple ; et méditant continuellement sur
» ces paroles de saint Paul, que toutes les
» souffrances de cette vie n'ont aucune pro-
» portion avec le bonheur infini qui en doit
» être la récompense, et qu'un moment de
» légère tribulation produit en nous un poids
» de gloire éternelle : *Momentaneum et leve*
» *tribulationis nostræ pondus æternæ gloriæ*
» *operatur in nobis, etc.* Tels sont les sentiments

Liv. III, Ch. II. — En prison.

» qu'inspire une vraie foi ! ô mon Dieu, faites-
» moi la grâce d'en être animée, et de bien
» comprendre qu'il ne me peut rien arriver de
» plus heureux que d'être dans le cas de don-
» ner ma vie pour vous. Comme je puis être
» surprise et n'avoir pas le temps de faire avec
» réflexion mon sacrifice, dès ce moment, je
» vous le fais d'avance, librement et volon-
» tairement, m'abandonnant avec résignation,
» de tout mon cœur et sans réserve, à tout ce
» que vous permettrez qu'il m'arrive ; je dé-
» clare même ici d'avance à vos pieds, que je
» pardonne de tout mon cœur à tous ceux
» qui pourraient m'ôter la vie, ou procurer ma
» mort. Je ne désire point que mon sang crie
» vengeance contre eux, mais au contraire,
» grâce, miséricorde et conversion ; et c'est
» dans la sincérité de mon âme qu'à l'exemple
» de mon Sauveur sur la croix, je vous prie de
» leur pardonner, parce qu'ils ne savent ce
» qu'ils font : *Pater, dimitte illis ; non enim
» sciunt quid faciunt.* J'espère aussi, ô mon
» Dieu, que, par ce moyen, j'obtiendrai, selon
» votre parole, de votre miséricorde, la rémis-
» sion de tous mes péchés, et qu'à l'exemple
» du bon larron, vous me ferez passer de la
» croix dans le paradis. Ainsi soit-il. »

Puisque nous citons les admirables sentiments de Victoire dans le cours de l'année
qui précéda son sacrifice, il nous semble que

nous ne devons laisser dans l'oubli aucune des pages où sont retracés avec tant de sincérité les élans de la foi, de la charité et du patriotisme de cette grande âme. (1)

Méditant sur l'Évangile du dernier dimanche après la Pentecôte, elle écrivait : « Ne sommes-
» nous pas déjà, ô mon Dieu, arrivés à ces
» temps malheureux prédits par votre prophète
» où l'abomination de la désolation se voit
» partout dans les lieux saints?... On peut dire
» qu'elle règne d'un bout à l'autre de ce vaste
» royaume. On n'y voit qu'impiété et sacri-
» lèges affreux, qui crient au Ciel plus haute-
» ment vengeance que les infamies de Sodome
» et de Gomorrhe. Quel spectacle triste et
» douloureux pour une âme fidèle que la vue
» de vos temples fermés, pillés, profanés ;
» que celle de vos autels indignement souillés,
» renversés ; que de voir tous les monuments
» antiques et vénérables de votre culte sacré
» détruits, anéantis ; jusqu'à l'instrument
» divin de notre rédemption qu'on fait de
» tous côtés abattre sacrilègement, n'en vou-
» lant plus soutenir la vue, non plus que les
» images et statues de votre auguste Mère et
» de tous les saints. Tout ce qui porte l'em-

---

1. Nous avertissons une fois pour toutes que nous donnons, sans faire aucune correction, le texte même de Victoire. On y trouvera plus d'une phrase incomplète et bon nombre d'incorrections. Nous avons cru devoir respecter jusqu'aux fautes d'orthographe conservées dans le manuscrit qui nous guide.

« preinte de la religion, ou rappelle les vestiges
« du culte divin chéri de nos pères, est à charge
« et odieux à cette foule de déistes et d'athées
« furieux qui veulent *décatholiser* la France (1)
« et y introduire l'entière nullité du culte.
« C'est maintenant qu'on peut bien dire avec
« vérité que les temples du Seigneur, l'auguste
« maison du Dieu trois fois saint, sont devenus
« des cavernes de voleurs ; les chaires de vérité,
« des chaires de pestilence. La maison de
« prière et d'oraison ne retentit plus des
« louanges du Seigneur et des dévots canti-
« ques des âmes fidèles saintement réunies,
« mais comme un champ de foire, on n'y en-
« tend que cris tumultueux, discours licen-
« cieux, disputes, jurements, blasphèmes, les
« faisant enfin servir aux usages les plus
« profanes. Les prêtres du Seigneur si respec-
« tables de tout temps par leur caractère
« auguste et sacré, et si vénérables d'ailleurs
« par leur fidélité et leur conduite sainte et
« généreuse, sont livrés aux mépris, aux
« opprobres, à l'indigence la plus affreuse,

1. Le parti philosophique avait reçu de Mirabeau, son chef, le mot d'ordre bien connu : « *Il faut décatholiser la France,* » et c'est ce que la majorité de l'assemblée qui créa *la constitution civile du clergé* entendit faire. « (*Hist. de l'Église cath. en France,* par Mgr Jager, T, 19e. p. 199.) Le mot d'ordre du fatal tribun en rappelle un autre également inspiré par l'enfer : « *Le cléricalisme, voilà l'ennemi !* » « *Fils de Satan,* disait Pie IX après JÉSUS-CHRIST, *Vous voulez accomplir les vœux de votre père !* » Mais *non prævalebunt :* Le Galiléen triomphera de tous les blasphé-mateurs et de tous les apostats.

» chargés de chaînes, jetés dans les cachots,
» condamnés à mort, poursuivis comme des
» bêtes farouches, obligés, pour éviter le gibet,
» de se cacher dans les plus affreux réduits.

« Vos épouses, Seigneur, sont violemment
» arrachées des asiles sacrés qu'elles avaient
» volontairement choisis pour s'y consacrer à
» vous, et tristement répandues et éparpillées
» sur cette terre de douleur et de péché qui
» dévore ses habitants, et qui ne tend à l'inno-
» cence que pièges et embuches.

« Vos fidèles sont dans la plus affreuse op-
» pression, et vos ennemis triomphent!... Jus-
» qu'à quand, Seigneur, jusqu'à quand les
» laisserez-vous dominer sur nous? Ils ont
» humilié votre peuple, ils ont ravagé votre
» héritage, ils nous insultent fièrement et sem-
» blent nous dire : Où est ton Dieu, Israel, *Ubi*
» *est Deus tuus*, pour prendre en main ta
» cause?.... Pour nous, ô mon Dieu, nous
» mettons toujours notre confiance en vous,
» espérant n'être pas trompés dans notre
» attente. *In te, Domine, speravi, non confun-*
» *dar in æternum*. Nous levons sans cesse nos
» yeux vers la sainte montagne d'où nous
» attendons notre force et notre secours :
» *Levavi oculos meos in montes unde veniet*
» *auxilium mihi*. Nous nous reposons sur la
» protection de son bras puissant qui a formé
» le ciel et la terre, *Adjutorium nostrum in*

» *nomine Domini, qui fecit cœlum et terram.*
» Nous le conjurons de regarder son alliance
» et de ne pas abandonner pour jamais les
» âmes de ses pauvres. Que le Seigneur de la
» gloire, le Seigneur fort et puissant paraisse,
» et qu'il dissipe, comme le vent fait la pous-
» sière, tous ses ennemis : *Exurgat Dominus*
» *et dissipentur inimici ejus.* Oui, mon Dieu,
» levez-vous, soutenez votre cause et n'oubliez
» pas la voix de ceux qui vous cherchent.
» Nous rejetterez-vous toujours et serez-vous
» sans cesse irrité contre les brebis de votre
» troupeau ?.... Souvenez-vous que vous nous
» dites que vos pensées sont des pensées de
» paix et non d'affliction ; que nous vous invo-
» querons et que vous nous exaucerez ; que
» vous ramènerez nos captifs de tous les en-
» droits de la terre. Ah ! Seigneur, daignez
» accomplir votre promesse envers nous. Ren-
» dez-nous vos saints ministres exilés, nos
» parents et nos amis errants ; et dans les
» transports de notre joie et de notre recon-
» naissance, nous nous écrierons avec le Roi-
» prophète: « Seigneur, vous nous avez délivrés
» de nos persécuteurs, et vous avez couvert
» nos ennemis de honte. Nous mettrons tou-
» jours toute notre gloire en Dieu, et nous
» bénirons son saint nom éternellement. »

Cherchant dans les tristesses de la captivité
à fortifier son âme par la méditation des

Saintes Écritures, Victoire écrivait ces douloureux colloques et cette peinture déchirante des maux de la patrie :

« *Tristis est anima mea usque ad mortem*,
» Mon âme est triste jusqu'à la mort !

« Ce sont les paroles, ô mon divin Jésus,
» qui sortirent de votre bouche sacrée dans ce
» mortel accablement et cette douloureuse ago-
» nie, où vous vous trouvâtes réduit au jardin
» des Olives. Permettez-moi, aimable Sauveur,
» d'en emprunter l'usage en ces moments de
» tristesse et d'angoisse où mon âme est plon-
» gée, et où elles semblent si bien convenir à
» ma disposition présente. Oui, j'ose le répéter
» après vous : *Mon âme est triste jusqu'à la*
» *mort*. Il me semble que les douleurs de la
» mort m'ont environné de toute part, et je
» suis incapable d'aucun sentiment que celui
» de la douleur: *Dolores mortis circumdederunt*
» *me !* Ce qui causait la vôtre, divin Rédemp-
» teur, dans ce jardin solitaire, témoin de vos
» combats, n'était pas la vue de vos souffrances
» que vous aviez ardemment désirées, mais
» celle de la perte de tant d'âmes qui en abu-
» seraient. Je crois pouvoir le dire aussi avec
» vérité, que ce n'est pas tant la perspective
» de cette carrière de misères et de tribulations
» qui s'ouvre devant moi, et dont vous seu
» connaissez le terme, que la pensée déchi-
» rante des maux auxquels sont de toute part

» exposés vos ministres fidèles, par les affreux
» décrets lancés encore contre eux ; quand je
» les vois de tous côtés dépouillés, poursuivis,
» persécutés, avilis, livrés à l'indigence, aux
» prisons, à l'exil, à la mort, mon cœur se fend
» de tristesse et de douleur. Quoi! dans un
» royaume autrefois si chrétien, voir les Minis-
» tres du Seigneur ignominieusement traités!
» Plus ils sont persécutés, méprisés, rassasiés
» d'opprobres, plus ils me deviennent chers
» et respectables, dignes de tout honneur et
» de toute vénération. Avec quelle joie don-
» nerais-je tout ce que je possède pour adou-
» cir leur sort, et exposerais-je ma vie pour
» sauver la leur ; m'estimant trop heureuse de
» la donner pour une si belle cause et de tout
» risquer pour conserver à la religion de fidè-
» les ministres? Quand je jette les yeux sur
» des parents, sur des amis exilés, probable-
» ment manquant de tout, et peut-être dont
» quelques-uns n'existent plus, voilà pour moi
» un nouveau sujet d'inquiétude et de dou-
» leur.... Quand je pense au séjour que nous
» avons quitté, à tous les différents sujets de
» crainte et d'alarme que nous pouvons
» avoir à son sujet, la tristesse et l'effroi, mal-
» gré moi, agitent mon esprit et mon cœur.
» Quand je considère la position des person-
» nes qui m'entourent et me sont chères, quand
» je pense à la privation d'autres qui m'inté-

» ressent, quand de tous côtés je n'aperçois
» qu'un prochain malheureux, des êtres infor-
» tunés dont je ne puis adoucir le sort, quand
» je jette les yeux sur ma misère personnelle,
» les désagréments, les renoncements conti-
» nuels, mon cœur se sent peiné, troublé.....
» Mais surtout, ô mon Dieu, quand j'envisage
» cette entière et absolue privation de tous
» les secours et les consolations de la religion
» dont je ne puis voir le terme, et cela dans
» un moment où ils me seraient si nécessaires,
» je sens mon cœur déchiré et pénétré d'amer-
» tume. D'un autre côté, tout ce que je vois,
» tout ce que j'entends contribue à m'affliger.
» Je vois avec douleur que sans cesse on vous
» oublie, on vous offense par paroles et par
» actions..... Que dans un lieu où on ne devrait
» penser qu'à se préparer à mourir et à sanc-
» tifier sa prison en la prenant saintement en
» esprit de pénitence, on ne pense qu'à
» vivre, qu'à se divertir et à charmer son
» ennui ; et vous êtes oublié, offensé, négligé,
» méconnu parmi ceux mêmes qui sem-
» blent être de votre parti!.... Miséricorde,
» ô mon Dieu, miséricorde! Je vous la de-
» mande pour moi et pour tous les hommes.
» Appliquez-nous les fruits de votre passion
» et de votre mort ; sanctifiez nos souffrances
» par les vôtres, et faites qu'elles nous
» soient salutaires, en servant à l'expiation

» de nos péchés et à gagner le ciel. Ainsi
» soit-il. »

Dans une autre page, Victoire nous fait assister à ce déchirement du cœur, à ce dédoublement de la volonté humaine qui, par son plus généreux côté, accepte, en dépit des répugnances, le calice d'amertume dont Notre-Seigneur lui-même demandait l'éloignement, mais qu'il se résignait à boire jusqu'à la lie pour accomplir le bon plaisir de son Père.

« *Pater mi, si possibile est, transeat a me*
» *calix iste ; verumtamen non sicut ego volo,*
» *sed sicut tu.* Mon père, s'il est possible, faites
» que ce calice passe sans que je le boive,
» cependant qu'il en arrive, non ce que je
» désirerais, mais ce que vous-même voulez
» et ordonnez ! *Transeat a me calix iste.* C'est
» la prière, ô mon Dieu, que mon âme
» effrayée par la perspective d'une captivité
» longue, ennuyeuse et accompagnée de toutes
» sortes de misères et de privations, vous a
» souvent adressée. Je répétais avec d'autant
» plus de plaisir ces paroles que vous les avez
» sanctifiées, en les prononçant vous-même le
» premier dans cette fervente et douloureuse
» oraison, où votre âme sainte sembla comme
» succomber sous le poids de la douleur. C'é-
» tait pour notre instruction et notre consola-
» tion, divin Sauveur, que vous avez daigné
» endurer de tels combats et éprouver dans la

» partie inférieure de votre âme cette répu-
» gnance naturelle à la souffrance. J'espère
» donc, que ce trouble, cette agitation, cet effroi
» que je ressentais quelquefois à la vue de
» cette carrière de souffrances qui s'ouvrait
» devant moi, ne vous a pas offensé ; mon
» cœur, quoique peiné et effrayé, était soumis
» et résigné, et vous savez, qu'en osant vous
» supplier, s'il était possible, d'éloigner ce
» calice, j'ajoutais incontinent avec vous, dans
» la partie supérieure de mon âme, que je
» voulais l'accomplissement de votre volonté
» sainte et adorable, plutôt que celui de la
» mienne toujours corrompue et ignorante.
» *Non sicut ego volo, sed sicut tu !...* »

Nous croyons que plus d'un lecteur reconnaîtra à ces accents les cris qui retentissent parfois dans son propre cœur ! Qu'il s'encourage : les répugnances les plus vivement senties et que l'on immole pour l'accomplissement de la divine Volonté, ne font qu'augmenter le mérite et par conséquent la récompense.

Le 27 janvier 1794, jour anniversaire de son baptême, la prisonnière de Carhaix, exprimait en ces termes les sentiments qui débordaient de son cœur, au souvenir de la grâce baptismale et de tant d'autres faveurs dont le Seigneur l'avait comblée. Reconnaissance, humilité, dévouement héroïque : on ne sait laquelle de ces vertus brille d'un plus vif éclat dans ce mémorial sacré.

« *Quid retribuam Domino pro omnibus quæ retribuit mihi? — Calicem salutaris accipiam,* etc.

« Que rendrai-je au Seigneur pour tous les biens dont il m'a comblée ?

« C'est ce que je puis dire aujourd'hui, ô mon Dieu, en me rappelant la faveur ineffable que vous m'avez faite de me recevoir au nombre des enfants de votre Église, et de me laver dans les eaux du saint baptême, préférablement à tant d'autres qui sont demeurés dans les ombres de la mort. Si l'anniversaire de ce jour excite ma reconnaissance, en pensant au bienfait de la régénération, qu'il excite aussi en mon âme des sentiments de douleur et d'amertume !.... Quand je pense aux péchés innombrables que j'ai eu le malheur de commettre depuis mon baptême et qui ont souillé cette robe d'innocence dont j'avais été revêtue sur les fonts sacrés, ah ! que ne puissent mes larmes et la vivacité de mon repentir effacer à jamais mes iniquités, rendre à mon âme sa première innocence ! Ah ! que je la rachèterais volontiers, au prix de tout mon sang que je suis prête à répandre de bon cœur, en expiation de mes offenses passées, et plutôt que d'en commettre de nouvelles ! Mon

» Dieu, purifiez-moi de mes péchés, pardonnez-
» les moi par votre bonté, et agréez en sacri-
» fice satisfactoire ma douleur et mes larmes,
» mes peines et la sincère résolution où je
» suis de plutôt mourir que de vous déplaire
» le moindrement. Le deuxième sujet de ma
» douleur est de passer aussi tristement un
» jour si précieux pour moi, sans pouvoir,
» comme de coutume, me purifier dans le bain
» sacré du sang adorable de Jésus-Christ
» et me nourrir de sa chair divine et forti-
» fiante.... C'est encore un deuxième sacrifice
» de douleur que j'offre à Dieu en expiation
» du peu de profit que j'ai malheureusement
» tiré jusqu'ici de dons aussi précieux. Plaise
» à votre bonté, aimable Sauveur, de ne me les
» pas retirer pour jamais, et permettez que
» l'année prochaine, si je vis, je sois plus heu-
» reuse, que j'aie encore avant de mourir la
» consolation de m'approcher des sacrements.

« Pour fortifier ton cœur dans les peines,
» les angoisses et les douleurs dont tu es de
» toutes parts environnée, rappelle-toi, ô mon
» âme, l'auguste qualité de chrétienne que tu
» portes, et que la vie des chrétiens ne doit
» être qu'une vie de souffrances ; qu'ils sont
» consacrés à la croix par le baptême ; que ce
» signe sacré a été imprimé sur ton front, sur
» ta poitrine et sur ton dos avec l'huile sainte,
» pour te faire souvenir du courage qui doit

» t'animer, comme un généreux athlète, à
» porter la croix de JÉSUS-CHRIST ton Maî-
» tre, et à y mourir avec lui, comme lui et
» pour lui, s'il l'ordonne ainsi. *Calicem saluta-*
» *ris accipiam*, etc. — Je partagerai avec mon
» Sauveur le calice de ses douleurs et recevrai
» de sa main toutes les souffrances en union
» avec les siennes ; c'est ce qu'exige ma recon-
» naissance. Ce fut à trente-trois ans qu'il ter-
» mina son sacrifice ; tu viens d'atteindre cet
» âge, et ne serais-tu pas trop heureuse que
» Dieu te donnât avec lui, ce trait de conformi-
» té, de terminer ta course et ton sacrifice au
» même âge que lui ? C'est ce que tu as souvent
» désiré et même dit dans ta jeunesse, et les
» circonstances actuelles rendent la chose
» possible. Les trois dernières années de la
» vie publique du Sauveur ne furent en par-
» ticulier que travaux, que peines et que dou-
» leurs ; je puis dire en un sens que la mienne
» n'a été que cela, depuis les trois années que
» j'ai été obligée de quitter ma chère solitude,
» et que vous m'avez préparée, ô mon Dieu,
» par bien des sacrifices et des détachements
» à celui de la vie que vous exigez peut-être
» en ce moment. Si mon cœur n'a pas été
» fervent et joyeux dans les souffrances, il a
» au moins, je crois, été en tout soumis et rési-
» gné, malgré la faiblesse de la nature ; et c'est
» dans cette même disposition de soumission

» humble et résignée, que je vous fais
» ici le sacrifice de ma vie et que j'accepte la
» mort dans le terme et de la manière qu'il
» vous plaira, ici ou ailleurs, sans consolation,
» sans secours, par le glaive, par le feu, la
» faim ou la misère, ce que vous voudrez et
» comme vous le voudrez ; vous êtes mon
» Dieu, mon sort est entre vos mains. Sauvez
» seulement pour l'éternité une âme que vous
» avez rachetée de votre précieux sang : *Hic*
» *ure, hic seca, modo in æternum pareas !* »

Assurément cette page figurerait avec honneur à côté de celles qui nous ont conservé les sentiments des premiers martyrs ! On ne s'étonnera donc pas de retrouver le même élan de piété et d'héroïque abandon dans les lignes suivantes, écrites le soir même du jour où Victoire fut renfermée dans la prison criminelle de Quimper.

2 février 1794.

« Que ce jour, il y a douze ans, fut un jour
» précieux pour moi, puisque ce fut celui où
» conduite par mon saint et respectable oncle
» et ma vertueuse mère, en union avec l'En-
» fant-Jésus au temple du Seigneur, je me
» consacrai à votre service, ô mon Dieu, dans
» votre sainte Maison où j'avais espéré faire
» mon tombeau. Les choses ont changé : votre
» Providence en a disposé autrement. Mais

» ce jour ne doit-il pas être précieux pour moi
» en un autre genre, puisqu'il me donne oc-
» casion de me consacrer à la croix d'une
» manière particulière et de me dévouer
» aujourd'hui à lui sur ce nouvel autel comme
» une victime entièrement soumise, résignée
» et disposée au sacrifice, si tel est son bon
» plaisir ! Si vous eûtes agréable alors l'obla-
» tion que je vous fis de moi-même et que
» vous firent aussi de ma personne et mon
» oncle et ma mère, vous n'aurez pas, je l'es-
» père, regardé d'un œil moins favorable celle
» que je vous ai offerte en ce jour, escortée de
» deux gendarmes, montée sur un triste cheval
» et pénétrée du vent et de la pluie. Je me
» rendais à ma destination incertaine alors,
» mais qui se trouve être la prison criminelle
» de Quimper. Que de réflexions ont occupé
» mon esprit et mon cœur pendant cette route
» longue, pénible et ennuyeuse, quand je com-
» parais ce jour avec celui qui fut, il y a douze
» ans. Mais quelle consolation cependant,
» malgré le trouble, la sensibilité et la souf-
» france de la nature, quand j'osai comparer
» cette route avec celle que vous fîtes pour
» vous rendre au Calvaire, chargé du pesant
» fardeau de votre croix, exposé en spectacle
» au peuple, à la risée et aux insultes de vos
» ennemis ! Ah ! quel bonheur d'avoir avec mon
» divin époux quelques traits de conformité

» et de ressemblance ! Ne suis-je pas trop
» heureuse qu'il veuille bien m'associer d'une
» manière particulière à sa croix et à ses
» souffrances ; et ne devrais-je pas, à l'exemple
» des apôtres, triompher de joie d'être jugée
» digne de souffrir quelque opprobre pour le
» nom de Jésus-Christ ?... Ce sont, ô mon
» Dieu, des sentiments parfaits où je ne suis
» pas encore rendue, mais j'ose dire cependant
» que je sens l'onction de votre grâce et que
» j'éprouve en ce moment une force, un cou-
» rage, une paix, une sorte même de délice et
» de consolation qui sont au-dessus de la
» faiblesse de ma nature, et dont vous seul
» êtes le principe. »

Chapitre troisième.

Prison de Quimper. — Souffrances de Victoire. — Madame de Silguy. — Dévouement de Victoire. — Sa correspondance.

LE secours que le Seigneur ménageait à Victoire dès les premières heures de son entrée en prison, était bien nécessaire ; il serait difficile, en effet, de faire comprendre tout ce que cette âme si pure et si noble eut à souffrir dans cette triste demeure. L'horrible malpropreté et l'infection du cachot n'étaient rien, comparées à l'affreuse société qui l'entourait et aux outrages qu'elle reçut. Tout d'abord elle fut renfermée dans une salle où se trouvaient déjà douze jeunes marins anglais, des femmes coupables de vols ou d'autres crimes, et quelques autres prisonniers. Pendant les premiers jours, il est vrai, il lui fut accordé de recevoir les personnes amies qui demandaient cette consolation, mais cette permission fut bientôt révoquée : la captive était si connue, si aimée, si estimée ainsi que sa famille, la mémoire de son saint oncle, l'évêque de Quimper, était en si grande vénération, que l'on appréhenda quelque manifestation populaire en sa faveur. Sous prétexte de soulèvement à éviter, « *la fraternité* » d'alors se hâta de séquestrer complètement la prisonnière. Dieu permit cependant que le geôlier se laissât gagner, sinon attendrir, par une des sœurs de Victoire. A force de larmes et de prières, probablement aussi à force de promesses et de présents, Madame de Silguy toucha le cœur jusqu'ici intraitable du gardien, et seule elle put pénétrer dans l'affreux cachot et se jeter dans les bras de sa sœur bien-aimée. L'entrevue fut des plus douloureuses, et les deux sœurs ne purent pendant quelques instants se parler que par leurs baisers et leurs sanglots. Mais bientôt triomphant de ces premiers mouvements de la nature, Victoire releva le courage de sa sœur; perdue en Dieu dont elle adorait les insondables desseins, elle parla avec une sorte d'enthousiasme du bonheur qu'elle éprouvait d'être prisonnière pour Jésus-Christ, et comme l'Apôtre, elle se glorifia des liens de sa captivité. Les visites de Madame de Silguy continuèrent et furent une grande consolation pour Victoire. De leur côté, les patriotes, voyant qu'ils n'avaient rien à craindre, se montrèrent moins sévères et permirent à notre captive de se mêler aux autres prisonniers. Ce fut pour elle un autre genre de martyre. Qui dira en effet ce qu'une vierge de Jésus-Christ doit voir et entendre dans ces asiles où sont entassés la corruption et tous les vices ? Victoire cependant apparut dans ces salles bruyantes comme un Ange de paix et de bénédiction. Gardant toujours une douce sérénité, calme et patiente, elle ne se vengea des injures qui ne lui furent pas épargnées, qu'en redoublant d'attention et de prévenances envers les malheureux qui cherchaient à l'outrager. La modeste beauté de ses traits, mieux encore, la suavité et la tendresse de son langage épanouissaient les cœurs; le geôlier fut tellement rempli de vénération pour elle, qu'il ne l'appelait que l'*Ange de la maison ;* il la surveillait si peu, qu'elle eût pu facilement s'évader, comme elle le dit plusieurs fois à sa sœur. « *Mais,* ajoutait-elle, *jamais je ne tenterai une évasion ; je craindrais et de compromettre mon geôlier et de perdre la palme du martyre.* »

Si douce et si complaisante que Victoire se montrât envers les prisonniers, elle ne put cependant échapper complètement aux outrages que la vertu a presque toujours le privilège de provoquer dans de semblables milieux. Plus d'un commissaire visitant la prison, plus d'un malheureux captif accabla l'angélique Victoire de grossières injures, lui fit entendre de cyniques propos. Deux femmes surtout se signalèrent par leur abominable conduite et leur basse ingratitude. Mademoiselle de Saint-Luc avait partagé avec ces misérables tout ce qu'elle possédait, elle s'était même dépouillée en leur faveur du linge qui lui était le plus nécessaire. Eh bien ! ces indignes créatures, non contentes de lui voler les petits objets qui lui restaient, la battirent si cruellement que son visage fut tout déchiré, son corps tout meurtri et un de ses bras presque démis. La douce prisonnière souffrit ces odieux traitements avec une patience inaltérable ; et, sans les meurtrissures trop visibles qui ensanglantaient ses traits, sans le témoignage du geôlier lui-même, on eût tout ignoré. Docile au conseil de Notre-Seigneur qui recommande de rendre le bien pour le mal, Victoire prodigua ses soins à une de ces deux femmes tombée gravement malade ; elle la veilla avec une inépuisable charité et lui rendit les services les plus humiliants. Ainsi se vengent les saints !

Elle montra le même dévouement envers un pauvre marchand de sel, qui avait été saisi et emprisonné pour avoir crié : *Vive le Roi !* Ce malheureux, attaqué d'une terrible et dégoûtante maladie, répandait autour de son pauvre grabat une telle infection, qu'il se vit bientôt abandonné de tout le monde. Victoire seule se fit son infirmière : elle lui rendit les services les plus répugnants à la nature, lui donna ainsi qu'à plusieurs autres détenus le pain léger et les aliments délicats que l'amitié attentive lui envoyait, se contentant elle-même du pain grossier destiné aux captifs ; et, comme le pauvre malade avait de fréquentes insomnies, son infirmière improvisée passait la nuit à ses côtés, lui parlait de Dieu, l'instruisait des vérités de la religion et l'encourageait à souffrir avec résignation et en vue d'une récompense éternelle. Victoire lui prodigua ses soins vraiment maternels pendant plusieurs semaines ; et, tandis que l'on refusait de recevoir cet infortuné dans l'hôpital de la ville, on put admirer la noble et généreuse prisonnière donnant à tous, dans le cachot changé en infirmerie, l'exemple de la vraie fraternité.

« *Au fond de la prison*, disent les archives de la Retraite de Quimper, *Victoire vivait comme elle eût pu le faire dans la communauté la mieux réglée. Son recueillement, sa mortification, son zèle pour le salut des âmes ne se ralentirent pas un seul instant. Pendant quelque temps elle logea dans la chambre commune où elle n'obtint qu'un mauvais rideau pour se former une espèce de cellule.* Elle disait tous les soirs la prière en commun, au milieu de ses compagnons d'infortunes. Enfin, sa foi et sa ferveur ne laissaient échapper aucune occasion de pratiquer les vertus de son saint état. » Le bruit continuel de la prison ne l'empêchait pas de prier à des heures réglées ; elle s'était formé, comme Sainte Catherine, un oratoire au fond de son cœur, où, malgré les blasphèmes retentissant autour d'elle, la pieuse vierge savait goûter la présence de Dieu ! Le reste du temps que l'oraison et la charité n'occupaient pas, Victoire le consacrait à divers petits travaux de dessin et de peinture ; elle faisait des reliquaires destinés à ses parents et à ses amis, composait des prières et écrivait des lettres, où brillent les sentiments de son âme, et en particulier, son ardent désir du martyre. Elle était à peine depuis huit jours dans la prison criminelle de Quimper qu'elle adressait dans un peloton de fil, à une de ses chères compagnes la lettre suivante :

Jésus, Marie.

Prison criminelle de Quimper, 9 février.

« Quoique je t'aie dit, ma chère amie, un
» petit adieu, avant de partir de Carhaix pour
» Quimper, je veux encore t'en dire un der-
» nier, avant de commencer mon grand voyage
» pour Paris, comme j'ai fait à toutes mes
» autres compagnes. Tu auras su l'objet de
» ma réquisition et le gîte où l'on m'a déposée.
» Je ne te parle pas des agréments de cette
» nouvelle demeure, qui peuvent aisément
» se comprendre, mais quiconque a souvent

» médité Jésus dans la crèche et sur le Cal-
» vaire, la trouve douce et aimable.

« Dieu me met à présent dans l'occasion
» de faire ce que j'ai souvent dit aux autres,
» et de mettre en pratique ce que je n'avais
» jusqu'ici considéré que dans la spéculation.
» C'est à présent que je trouve en moi ces deux
» volontés dont parle saint Paul, l'une qui
» frissonne et répugne aux souffrances, l'autre
» qui s'y complaît sachant combien, dans les
» vues de la foi, les souffrances sont précieuses
» et salutaires. Quelquefois je suis tentée de
» dire : « *Mon Dieu, s'il est possible, que ce*
» *calice s'éloigne !* » Mais j'ajoute avec notre
» divin Sauveur : « *Que votre volonté soit*
» *faite et non la mienne !* » Notre sort est entre
» les mains de Dieu, il sait mieux que nous
» ce qui nous convient et ce qui est plus
» avantageux pour notre salut. S'il ne nous
» châtiait pas, comme dit saint Paul, quand
» tous les autres le sont, nous aurions lieu de
» craindre qu'il ne nous regardât comme des
» illégitimes. Réjouissons-nous donc de souf-
» frir, dit saint Pierre, quand nous ne souffrons
» pas comme meurtriers ou larrons, mais uni-
» quement pour la gloire de Dieu. C'est un
» honneur que j'ai maintenant ; l'objet en est
» si saint, si beau, que je ne puis m'en affliger.
» Je me souviens que je me suis consacrée à
» un époux de sang et de souffrances, qui a

» souffert le premier, afin de nous donner
» l'exemple et que nous marchions sur ses
» traces. Heureux ceux qu'il daigne associer
» à sa croix, c'est la voie la plus sûre pour
» aller au ciel. Si nous semons dans les larmes,
» nous recueillerons dans la joie. Voilà, ma
» pauvre amie, à quoi nous devons penser
» pour adoucir nos peines ; je connais assez
» ton cœur et ton amitié pour moi, pour savoir
» combien tu auras été pénétrée de mon aven-
» ture; mais Dieu le permet, il faut bénir son
» saint Nom. Je te conjure, au nom de l'amitié,
» de ne pas trop te chagriner ; prie seulement
» tous les jours le bon Dieu pour moi, qu'il
» soit ma force, mon conseil et mon soutien.
» Recommande-moi à la bonne Vierge, qu'elle
» soit toujours ma bonne mère ; mets-moi
» sous la protection des bons Anges, qu'ils
» soient mes gardiens dans les risques que je
» pourrais courir, tant pour l'âme que pour
» le corps. J'emporte avec moi une petite
» bibliothèque dévote qui fait toute ma con-
» solation : *L'Esprit consolateur, le Psautier*
» *de David, le Nouveau Testament, l'Imitation,*
» *le Combat spirituel, et une paire d'Heures.*

« J'ai su l'état où a été la pauvre Charlotte [1],

---

1. Prénom de Madame de Marigo, supérieure de la Retraite, cachée alors près des mines du Huëlgoat, à la Coudraie, un des endroits les plus écartés de la Basse-Bretagne. Ces Dames dispersées ne s'écrivaient qu'avec la plus grande prudence et, pour ne pas se compromettre, ne se désignaient que par leurs noms de baptême.

» à la nouvelle de ma prison, et sa géné-
» reuse proposition ; mon cœur en est péné-
» tré de reconnaissance, mais que cette
» bonne mère se ménage pour ses autres filles.
» Ci-joint pour elle un billet d'ancienne date.
   « Je suis enchantée du lieu où elle est (1) ;
» deux amies se consolent ensemble. Je vous
» recommande l'une à l'autre comme ce que
» j'ai de plus cher, et je tâcherai de vous faire
» savoir de mes nouvelles.

---

1. La Coudraie était une propriété de sa famille Nouvel de la Flèche. Pendant les années de la terreur elle servit de refuge à plusieurs ecclésiastiques. Deux religieuses de Saint-Thomas de Villeneuve s'y trouvèrent cachées en même temps que mesdames de Marigo et de Larchantel. Celle-ci était la belle-sœur de Monsieur Nouvel. Ce noble châtelain, aïeul de Monseigneur A. Nouvel, actuellement Évêque de Quimper (1881) s'était fait un devoir d'offrir un asile aux prêtres et aux religieux persécutés. L'habitation en effet, grâce à son isolement et à son abord difficile, semblait être à l'abri de tout coup de main. Cependant Monsieur Nouvel ne put échapper aux poursuites des *Patriotes* qui le traitèrent en suspect et comme tel l'enfermèrent dans les prisons de Landerneau. Il y mourut emporté par le typhus.

Le jeune Nouvel, son fils, à peine âgé de huit ans, faisait déjà preuve d'un grand sang-froid et d'un noble dévouement. Formé par son père, le petit Joseph suivait fidèlement la tactique qu'on lui avait enseignée, pour écarter tout péril et sauver les prêtres et les religieuses cachés dans le château. Il passait une partie du jour à courir dans les campagnes environnantes, à visiter les taillis voisins de l'habitation pour dépister les *patriotes* et les signaler aux hôtes de la Coudraie. Croyait-il reconnaître quelqu'un de ces sauvages inquisiteurs, l'enfant entonnait une chansonnette, sifflait un refrain de convention. Les réfugiés comprenaient, et se hâtaient aussitôt de s'ensevelir dans leurs cachettes. C'était le seul moyen d'échapper à ces bandes de traîtres et de dénonciateurs, dont la race semble impérissable et pullule toujours aux heures de décadence des nations. (*Note communiquée à l'auteur par un membre de la famille Nouvel.*)

« Adieu, ma chère amie, tu connais pour toi
» mon cœur ! J'emporte dans un livre ton
» portrait qui me fera plaisir pour causer en
» esprit avec toi. Si nous ne nous voyons plus
» sur la terre, espérons nous réunir au ciel.
» Je ne puis exprimer tous les témoignages
» d'intérêt qu'on m'a donnés ici généralement
» et auxquels je suis bien sensible. »

Madame de Marigo, supérieure de la Communauté dispersée, se trouvait alors à la Coudraie, propriété de la campagne à laquelle Victoire écrivait. Ensevelie dans cette solitude, où il lui était assez facile d'échapper aux perquisitions des *patriotes*, cette excellente supérieure ne pouvait cependant vivre en paix. Si tranquille qu'elle fût pour sa propre sureté, elle se préoccupait vivement de la situation de sa chère captive. Elle lui avait donc fait savoir qu'elle viendrait volontiers partager et goûter avec elle les saintes amertunes de la prison. « Victoire n'avait qu'un signe à faire et Charlotte serait bientôt à ses côtés.... »

Pour rien au monde Victoire n'aurait voulu exposer Madame de Marigo aux dangers d'une semblable visite. Les malheurs de sa supérieure, à cette époque, auraient eu de trop graves conséquences. Elle la fit donc supplier par sa chère correspondante de rester dans le lieu de refuge que la Providence lui avait ménagé et de se conserver pour ses autres filles.

Connaissant la tendresse du cœur de Victoire, nous pouvons apprécier l'étendue de son sacrifice, lorsqu'elle renonça à la consolation que lui offrait sa digne supérieure ; mais nous n'attendions pas moins de sa délicatesse et de son héroïque abnégation. Un jour pourtant elle ne craignit pas d'exprimer un de ses plus ardents désirs ; désir, il est vrai, qui ne pouvait être compromettant. Victoire manifesta combien vivement elle souhaitait revoir le portrait de son saint oncle, Monseigneur de Saint-Luc. Une de ses amies réussit à le lui procurer. A peine la précieuse image apparut-elle aux regards de la pauvre captive, que, saisie d'un indicible transport de tendresse et de reconnaissance, elle se jeta à genoux, et fixant ses yeux baignés de douces larmes sur les traits du vénérable Évêque, elle lui parla comme s'il eût été vivant, et le remercia en particulier, avec effusion, *de lui avoir obtenu la grâce du martyre*, l'ancien et constant objet de tous ses vœux.

Victoire en effet, entrevoyant le sort qui l'attendait, était persuadée que les prières et les vertus de son saint oncle lui avaient mérité la couronne du martyre. Dès lors on comprend facilement comment la seule vue de l'image de Monseigneur de Saint-Luc la jetait dans une sorte de ravissement et d'extase.

Nous renonçons à décrire avec quel mélange de bonheur et de tristesse, la reconnaissante prisonnière se précipitait dans les bras d'Angélique, sa sœur bien aimée, lorsque celle-ci pouvait se glisser jusqu'à son cachot. Nous l'avons déjà dit, la jeune dame de Silguy avait su fléchir le geôlier de Victoire, mais au prix de quels sacrifices ! Et quelles fatigues n'avait-elle pas à endurer pour voir et embrasser la chère captive ! Il lui fallait, matin et soir, dans les ténèbres, faire cinq lieues à cheval, par des sentiers impraticables ; elle laissait au berceau un enfant malade ; puis arrivée à la prison, elle devait s'y enfermer tout le jour pour échapper aux regards des malveillants. Et néanmoins, la noble et courageuse femme semblait perdre le sentiment de ses propres douleurs pour adoucir celles de Victoire, et pour *s'édifier*, comme elle le dira plus tard, *au spectacle des vertus de cette chère sœur* (1)..... Aussi, impossible de peindre l'affectueuse reconnaissance de Victoire et tout ce que son cœur lui suggérait pour sa chère Angélique. C'est dans ces entrevues qu'elle s'informait avec toutes les inquiétudes de la piété filiale du sort de ses vénérés parents et de chaque membre de la famille. C'est alors que, compa-

---

1. Madame de Silguy disait plus tard, en parlant de ses entrevues avec Victoire : « Le touchant spectacle des vertus de ma sœur « prisonnière ne s'effacera jamais de ma mémoire. » (Mms.)

tissante aux agonies du présent et surtout épouvantée à la perspective des malheurs à venir, elle répétait à Madame de Silguy : « Que ne puis-je séparer ma cause de celle de ma famille et de mes amis ? Pour moi, je suis trop heureuse, oui, je suis trop heureuse de souffrir quelque chose pour le nom de JÉSUS-CHRIST ! Mon sort est vraiment digne d'envie : j'entrevois le bonheur que j'ai tant désiré ! » Et se laissant aller au mouvement impétueux de son cœur qui lui faisait souhaiter le martyre, elle s'unissait au grand Paul, heureux d'être dans les chaînes, à l'apôtre saint André, tressaillant à la vue de la croix, à saint Ignace d'Antioche, marchant si généreusement à la mort !

Chapitre quatrième.

Victoire destinée à la Conciergerie. — Sa correspondance. — Neuvaine à Saint François-Xavier exaucée. — Confession. — Mort admirable de Monsieur Riou, curé de Lababan.

PLUSIEURS semaines s'étaient écoulées dans ce triste séjour et Victoire restait incertaine de son sort ; un mandat d'arrêt lancé par le féroce Fouquier-Tinville lui apprit qu'elle était destinée à la Conciergerie et qu'elle y serait conduite. Celle que le geôlier appelait *l'Ange de la maison* reçut avec une pieuse résignation le fatal avis et se prépara à ce douloureux voyage dont elle ignorait encore le moment. Mais le secours le plus puissant pour entretenir ses forces spirituelles lui manquait ; et si la pieuse captive soupirait après le martyre, elle désirait non moins ardemment de pouvoir se confesser avant de mourir. Depuis plusieurs mois elle n'avait pu rencontrer un prêtre catholique. Ses prières, ses souffrances, elle offrait tout au Seigneur pour obtenir le bonheur de pouvoir se purifier de plus en plus dans les eaux salutaires de la pénitence, et elle allait terminer une neuvaine à Saint François-Xavier par l'intercession duquel sa foi sollicitait cette insigne grâce, quand la divine Providence lui envoya un saint prêtre pour l'entendre et la fortifier. Écoutons notre prisonnière nous raconter elle-même ses souffrances et ses consolations :

28 mars, 1794.

» « Je viens, ma chère amie, te dire un petit
» mot sous ces petits pelotons ; ta lettre m'a
» fait grand plaisir, c'est une des plus douces
» jouissances que je puisse avoir, que de rece-
» voir de tes nouvelles et de celles de Char-
» lotte, et de pouvoir vous écrire. Ah ! ma
» chère amie, ma pauvre écritoire était jusqu'à
» présent ma seule consolation, et m'en voilà
» privée par le nouveau décret qui nous défend
» toute espèce de communication. Il faut
» donc faire de ma plume un généreux sacri-
» fice ; c'est, je l'avoue, ce qui me coûtera
» le plus ; ne plus recevoir des nouvelles de
» mes pauvres parents, ni leur en donner
» moi-même des miennes, cela me paraît bien
» dur, surtout lorsque je serai à Paris ! Enfin
» Dieu le permet, il faut s'y soumettre et se
» souvenir que JÉSUS-CHRIST a été obéissant
» jusqu'à la mort de la croix. On s'imagine
» quelquefois que, selon la nature, il n'y a
» rien à ajouter à sa position, et point du tout :

» il se trouve chaque jour de nouvelles amer-
» tumes. Depuis huit jours on m'a resserrée et
» empêchée de voir aucune de mes connais-
» sances ; au premier moment j'y ai été sen-
» sible ; je m'en consolais cependant par la
» liberté d'écrire ; point du tout : Dieu veut
» être seul mon soutien et ma consolation.
» Il y a certains moments où Dieu semble se
» retirer et me faire sentir ma faiblesse ; ma
» consolation est qu'il a voulu éprouver lui-
» même cette répugnance naturelle pour la
» souffrance ; je crois, avec la grâce de Dieu,
» que la partie supérieure de mon âme est
» résignée ; je sens que, de moi-même, je ne
» puis rien, mais je sais avec saint Paul, *que*
» *je puis tout en celui que me fortifie.* Ce n'est
» pas d'être mal couchée, mal nourrie, mangée
» de vermine : tout cela n'est rien ; mais ne
» pouvoir ni verbalement ni par écrit commu-
» niquer avec ses amies ; la vue des malades,
» des mourants qu'on ne peut soulager, qu'on
» voit traiter durement ; mais entendre jurer,
» se fâcher, tapager continuellement ; se trou-
» ver dans une société d'hommes au lieu de
» celle de saintes et aimables amies ; mais que
» sais-je, mille autres choses déchirantes pour
» une âme sensible comme la mienne !.. J'ai
» une compagne d'infortune qui a été plusieurs
» jours malade ; c'est à moi de la soigner, je
» l'ai veillée. Elle était comme une folle, mor-

» dant comme un chien, nous jetant tout à la
» tête. On l'a soignée et elle est mieux. Mais
» que te dirai-je du déchirement de mon âme,
» lorsqu'on conduisit ici un saint prêtre, le
» curé de Lababan, qui fut guillotiné le
» lendemain. En vain avais-je proposé à mon
» geôlier de l'argent pour le voir, tout fut
» inutile ; j'étais désolée et ne pouvais perdre
» le désir que j'avais de me confesser. Je pas-
» sai tristement la nuit, priant Dieu de venir
» à mon aide, invoquant saint François-Xavier
» à qui je finissais une neuvaine à cette inten-
» tion. Enfin, le lundi matin notre porte fut
» ouverte quelque temps et je me glissai
» doucement à la porte de sa chambre ; je
» l'appelai et lui témoignai mon envie. Il
» trouvait la chose difficile, craignant que je
» ne me compromisse ; quant à lui, il n'avait
» plus rien à craindre. Pour moi, mon désir
» me faisait lever toutes les difficultés. Je mis
» une personne en sentinelle, au bas de l'es-
» calier, qui devait siffler si le geôlier eût
» monté. Quant à ceux de sa chambre, qui
» dans la nuit avaient fait comme moi, ils me
» dirent qu'ils allaient s'éloigner dans le haut
» de la chambre ; au surplus, quand ils auraient
» entendu, cela m'était égal, pourvu que je
» pusse me confesser. Je le fis heureusement
» au travers de la porte, plus en gros qu'en
» détail, il est vrai, mais Dieu voit le cœur et

» les circonstances. Cette bonne absolution
» répandit bien de la joie dans mon cœur, elle
» m'a donné de la force, et je la regarde comme
» une grâce spéciale pour me préparer à
» d'autres épreuves. Nous nous animions en-
» semble !

« Que j'aurais désiré que notre conversation
» pût être longue ! C'est un saint, un martyr
» de Jésus-Christ qui a été à la mort comme
» au triomphe, avec la tranquillité que donne
» l'héroïsme de la religion. A peine ses gardes
» pouvaient-ils le suivre, tant il était pressé de
» monter à l'échafaud ! Ah ! je te l'avoue,
» mon sacrifice est fait, et j'aurais été enchan-
» tée, si ce jour j'avais pu aller à la guillotine
» avec lui. Il m'a promis de prier pour
» moi au ciel ; il m'a légué tous ses petits
» meubles de dévotion, j'envoie son cha-
» pelet et une petite croix, entre Charlotte
» et toi. *Adieu, peut-être pour la dernière*
» *fois !*

« (P. S.) Je t'avais dit adieu, ma chère amie
» pour causer avec Charlotte, mais je reviens
» encore à toi. Je ne t'ai pas tout dit au sujet
» de notre saint prêtre, et un peloton de plus
» ne fera pas un objet. J'ai su par les Sœurs
» Blanches qui viennent le matin voir les pri-
» sonniers, et qui ont eu le bonheur de le voir,
» qu'il était gai et triomphant ; tout son cha-
» grin était le malheureux compromis à cause

» de lui (¹). Que je suis heureuse, chère amie,
» d'avoir eu quelques moments de conversa-
» tion avec ce saint martyr ! Quand je sens
» mon âme abattue, rien ne relève plus mon
» courage que de penser à lui. Je ne pouvais
» m'empêcher de pleurer sur son sort, il ne le
» voulait pas. Mes larmes coulaient en
» abondance pendant l'exécution, mais elles
» étaient douces, en pensant que c'était un
» saint qui allait à la gloire. Voilà donc le sang
» des ministres de JÉSUS-CHRIST qui coule à
» Quimper ! (²)

---

1. Le brave paysan du village de Kerbolu, en Lababan, chez equel le vénérable curé était caché, fut en effet arrêté avec le saint prêtre, et condamné quelque temps après, à la déportation. Il fut incarcéré au château de Port-Louis, où il demeura jusqu'à la mort de Robespierre. Remis alors en liberté, il rentra dans ses biens. (M. Téphany, t. cit.)

2. « Comme elle pleurait, il la consola, en lui disant : « J'ai eu trois beaux jours dans ma vie ; *le jour de mon baptême, le jour de mon ordination et le jour d'aujourd'hui.* » (M. Téphany, p. 382.) Monsieur Riou, c'est le nom de ce saint prêtre, marcha à l'échafaud, en chantant l'hymne *Sanctorum meritis*, que l'Église consacre à la louange des Martyrs ; arrivé au pied de l'échafaud, il pardonna à ses persécuteurs dans la personne de son bourreau, et un instant après, sa tête tombait sous le fer de la guillotine. C'était le 16 mars 1794. Cette mort héroïque eut un grand retentissement dans tout le pays et ramena au bercail une foule de brebis égarées, particulièrement à Quimper, où le vénérable vieillard mourut comme un autre Éléazar. Trahi par un intrus, Mr Riou pouvait, suivant la loi du moment, échapper à la guillotine, en disant qu'il avait soixante ans. Le juge, qui lui portait intérêt, lui avait fait dire qu'il le sauverait, s'il déclarait qu'il avait cet âge. En vain chercha-t-on à l'amener à cette dissimulation : « Je n'ai pas soixante ans, dit le prévenu, *je vous le répète, je n'ai pas soixante ans : Je ne veux pas sauver ma vie par un mensonge.* » Il en avait cinquante-neuf !

« Je vais te parler d'une petite aventure qui
» m'est arrivée. Je rencontrai ici M. Coz, il était
» venu confesser un malade. Sachant qu'on
» faisait la vente au séminaire, je lui deman-
» dai s'il ne pourrait pas me procurer le por-
» trait de mon oncle que j'avais donné à cette
» maison ; je lui trouvai l'air déconcerté. Il me
» dit qu'ayant rendu celui de M. Expilly à sa
» sœur, il pensait qu'on pourrait rendre celui
» de mon oncle à sa famille. Une demi-heure
» après, il me l'apporta lui-même fort honnê-
» tement, disant qu'il était enchanté d'avoir
» été dans le cas de me rendre service. On
» voit passer des revendeuses avec des mor-
» ceaux d'ornements défaits sur les bras ; cela
» saigne le cœur !...

« Voilà donc, ma chère amie, qu'il paraît
» certain qu'il faudra faire ce voyage de Paris.
» Je ne puis l'envisager sans frissonner. J'eusse
» trouvé plus doux d'être expédiée ici avec le
» curé de Lababan, que de languir si longtemps
» pour finir par donner probablement mon
» cou à couper. Je n'ai pas l'idée que j'en puisse
» jamais revenir, malgré la légèreté de ma
» cause : tout au plus, je n'ai que la perspective
» de rester à languir dans les prisons, ou bien,
» à la fin d'y être massacrée ou portée en
» quelque île déserte. Mais, la volonté de Dieu
» là dessus! C'est un bon Père; mon sort est
» entre ses mains. Demande pour moi la

» constance, la persévérance ; recommande-
» moi aux saints Anges, qu'ils prennent soin
» de moi pour l'âme plus que pour le corps.

« Que j'ai de grâces à rendre à Dieu d'être
» à présent vieille et laide! cela évite des pro-
» pos où, dans un temps comme celui-ci, on
» peut être exposé. Ah ! mon Dieu, ma chère
» amie, que ma position est étrange ! il me
» semble parfois que c'est un songe : mais
» c'est un vilain rêve ! Puisse-t-il me servir
» pour l'éternité! Dieu soit béni de tout! adieu,
» adieu! La semaine prochaine je tâcherai
» encore de te faire passer des pelotons, mais
» tout blancs. »

Chapitre cinquième.

Monsieur et Madame de Saint-Luc amenés à la prison de Quimper. — Scène attendrissante. — Nouvelle séparation. — Les trois captifs doivent être dirigés sur la Conciergerie. — Adieux. — Poignante douleur de Madame de Silguy.

CEPENDANT le mandat de Fouquier-Tinville paraissait oublié ou négligé, et le bruit qui avait circulé pendant quelques jours, que Monsieur et Madame de Saint-Luc devaient être conduits avec leur fille à la Conciergerie, semblait également n'avoir aucune consistance. Mais un jour que Madame de Silguy, cette sœur chérie de la sainte prisonnière, venait d'arriver et parlait précisément de cet heureux oubli du mandat d'arrêt, et qu'ensemble les deux sœurs se réjouissaient de ce que leurs alarmes sur le nouveau malheur de leurs parents étaient dissipées, voici que tout à coup une certaine agitation se manifeste dans la prison, et l'on entend le geôlier interpeller ces dames d'une voix tonnante: « *Mademoiselle de Saint-Luc*, crie-t-il, *votre père et*

votre mère qui arrivent !! » A ce coup de foudre, les deux sœurs éperdues se précipitent à la rencontre de leurs bien-aimés parents. Madame de Saint-Luc était soutenue par deux personnes qui l'aidaient à monter le long et pénible escalier ; Monsieur de Saint-Luc suivait porté sur un brancard. Le vénérable vieillard, âgé de soixante-quatorze ans, avait, par suite de longues infirmités, perdu presque complètement l'usage de ses jambes. Tremblantes et brisées de douleur, les deux sœurs se jettent aux pieds de leurs vénérés parents, baisent leurs mains qu'elles arrosent de leurs larmes et restent un instant immobiles, sans pouvoir prononcer une parole..... Monsieur de Saint-Luc, après avoir mêlé ses larmes à celles de ses filles et reçu leurs douloureux embrassements : « *Ah! mes enfants*, leur dit-il, *ce n'est pas notre triste position qui fait couler mes pleurs, mais uniquement la joie que j'éprouve de vous revoir encore avant de mourir.* »
« *Relevez-vous, mes chères filles, relevez-vous*, dit à son tour Madame de Saint-Luc, dont l'énergique caractère avait maîtrisé les sentiments de la nature, *essuyez vos larmes, ne pleurez pas sur notre sort ! Ne sommes-nous pas heureux de partager les prisons et les chaînes des confesseurs de* Jésus-Christ ? *Nous avons souvent admiré ensemble leurs combats et leurs triomphes ; voici pour nous le moment du combat,*

rendons-nous dignes de la victoire ! Élevons nos regards vers le ciel et préparons-nous à souffrir tout ce qu'il plaira à Dieu pour mériter une telle récompense ! »

A ce spectacle digne des actes des martyrs, tous les prisonniers, saisis d'étonnement et d'admiration, gardaient un profond silence ! Ne comprenant pas tout ce qui se passait sous leurs yeux, les douze jeunes marins anglais se le firent expliquer ; et ils en furent si touchés, qu'ils consignèrent cette scène attendrissante dans leur journal de captivité, et montrèrent ensuite les plus grands égards à l'infortunée famille de Saint-Luc.

Victoire cependant eut besoin de faire appel à tous les sentiments de foi et de conformité à la volonté divine pour ne pas succomber sous le poids de ces terribles émotions. Son caractère était énergique, il est vrai, et nous l'avons pu constater bien des fois dans notre récit, mais son cœur était en même temps d'une sensibilité extrême ; et le pitoyable état où elle voyait réduits ses parents, la perspective surtout du sort qui leur était réservé, l'anéantissait !... Son unique consolation, dans cette excessive douleur, fut d'être réunie à son père et à sa mère, et de pouvoir leur prodiguer tous les soins et tous les soulagements inspirés par la piété filiale. « *Ma peine n'est rien*, disait-elle à sa sœur, *mais voir mes parents dans cette af-*

freuse position me pénètre d'une douleur si profonde que j'y succomberais, si la grâce de Dieu ne me soutenait ; volontiers, pour sauver leur vie, je donnerais la mienne ! »

Bientôt la désolation devint extrême. Monsieur et Madame de Saint-Luc, que les secousses du voyage et les émotions terribles auxquelles ils étaient soumis depuis plusieurs mois, avaient exténués, tombèrent gravement malades, et, par je ne sais quel raffinement de barbarie, on les séquestra du milieu des autres captifs. Mis au secret le plus strict, parents et amis du dehors ne purent les aborder ; seule, Madame de Silguy leur fille, grâce au geôlier qu'elle avait su attendrir, eut la consolation de pénétrer jusqu'à eux. Cette digne sœur de Victoire se glissait furtivement, de grand matin, dans cet affreux séjour, pour n'en sortir qu'à la nuit. Elle eût voulu pouvoir y rester toujours, afin de consoler et de soigner ses bien-aimés parents. Ne comptant pour rien ses propres fatigues et dominant la perpétuelle agonie de son cœur, cette noble et courageuse chrétienne sembla même oublier son mari et ses nombreux enfants ; elle resta dix jours de suite à Quimper, loin de son habitation, pour pouvoir partager, dès le point du jour jusqu'à la tombée de la nuit, la captivité de son père et de sa mère. Hélas ! cette douloureuse consolation devait lui être bientôt ravie ! Un nouvel arrêt fut signifié aux trois captifs ; Monsieur et Madame de Saint-Luc et leur fille Victoire devaient incessamment être dirigés sur la Conciergerie... Impossible de dépeindre la douleur de Madame de Silguy en apprenant ce cruel arrêt : plus impossible d'exprimer sa désolation, lorsque, en dépit de ses demandes, de ses supplications et de ses larmes, ells ne put obtenir de voir une fois encore ses vénérés parents, le jour de leur départ. Non contents de lui refuser les derniers embrassements de Victoire, les barbares geôliers l'empêchèrent même de se jeter aux pieds de son père et de sa mère et de recevoir leur dernière bénédiction... La révolution est sans entrailles : C'est toujours ainsi qu'elle entend la liberté et la fraternité!!!...

Madame de Silguy survécut à ces poignantes douleurs, mais, comme elle l'a répété plus tard : « *Il faut avoir passé par de semblables épreuves, pour comprendre et sentir le déchirement et l'horreur d'une telle séparation. L'âme est brisée, anéantie : La grâce de Dieu peut seule donner à la nature la force pour ne pas succomber.* »

Dieu en soit béni ! il fut riche en trésors de grâces pour cette jeune femme broyée par la douleur... En la faisant passer par le creuset de la tribulation, il développait en elle les vertus qui font de la femme chrétienne, l'honneur et la joie du foyer domestique, et, dans une grande mesure, le soutien et le salut de la société (1).

---

1. Madame de Silguy (née Angélique Conen de Saint-Luc), montra toute sa vie une énergie de caractère qui n'eut d'égale que son inépuisable charité. Morte en 1848, à l'âge de 85 ans, cette femme des anciens jours, type de *la femme forte* dont parle la Sainte Écriture, a mérité les bénédictions de tous ses contemporains. Ses enfants et ses petits-enfants l'ont en vénération presque à l'égal de Victoire, sa sœur bien-aimée ; et le plus bel éloge que nous puissions déposer sur sa tombe, est de rappeler ce cri d'admiration échappé au prêtre confident et conseiller de cette noble femme. « *J'ai confessé Madame de Silguy pendant les trente dernières années de sa vie*, disait Mr l'abbé Le Clanche, Vicaire Général de Quimper, au témoin fidèle qui nous l'a répété, *je l'ai assistée à sa mort ; eh bien ! je crois pouvoir affirmer qu'elle n'a jamais perdu l'innocence baptismale.* » Ajoutons encore une autre belle parole. Mademoiselle de Penfentenyo était accourue pour assister aux derniers moments de sa noble amie ; introduite dans l'appartement de Madame de Silguy, elle se hâte de prendre une chaise, et s'asseyant en face de la mourante qu'elle contemple avec tendresse : « *Je viens voir*, dit-elle au même témoin que nous citions tout à l'heure, *je viens voir comment meurent les Saints !* »

Chapitre sixième.

Victoire et ses vénérés parents sont dirigés sur Paris. — Correspondance de Victoire. — Fac-simile d'une lettre inédite. — Dévouement de Victoire pendant le voyage. — La Conciergerie. — Séparation. — Ils sont réunis pour la sentence de mort. — Le marquis de Cornulier. — Derniers adieux. — Mort.

VICTOIRE ensevelie dans la prison de Quimper, ne perdait aucune occasion d'écrire à Madame de Larchantel, cette compagne bien aimée à laquelle, depuis longtemps, elle confiait ses plus secrètes pensées ; et nous avons pu remarquer, pour notre propre consolation, que, si la grâce divine opérait des merveilles dans cette grande âme, la nature de son côté faisait sentir ses répugnances et livrait de terribles combats à son cœur sensible et aimant. Mais ajoutons que plus l'heure de l'immolation était proche, plus Dieu rendait parfaites les dispositions de notre généreuse captive. La lettre sui-

† 3. avril

Je viens de partir pour le long et terrible
voyage qui m'a très probablement notre tom[beau]
Je veux ma chère [...] voir [...] un [...]
qui vous sera commun avec la chère constance
sont difficiles [...] Demain Vendredi que nous
mettons à la voile, moitié dans un mauvais
vaisseau qu'on a obtenu par [...] qu'on porte
mes adieux à mes parents, Moitié en charrette. De
la manière dont le tems est disposé nous ferons
notre voyage autant par eau que par terre mais
tout cela n'est rien en comparaison des autres risques
où nous attendent et dont nous avons fait
la [...], on ne peut rien ajouter à celles
où nous avons eu [...] et la manière dont
nous sommes traités, jamais il n'y a [...]
rien de pis encore. Les plus grands criminels
[...] le témoignage de notre [...] et la
[...] de Jésus notre Maître Son [...] nous
fait notre soutien et notre consolation. La vue
de mon pauvre papa et Manran arrivent ici
[...] macables je l'avoue, la fièvre pris
à Manran arrivant et tout [...] qu'elle
est de laisser l'un ou l'autre ou [...] les 2 malades
sous quelques [...] mais il fait toute la douceur
entre les mains de dieu que tout tourne et passera
[...] et durant pour notre bien, au moins

pour l'éternité, leur courage a ranimé le
mien et Dieu leur fait bien des grâces
mon pauvre papa peut cela sinon que
je n'aurais osé m'y attendre, il est soumis
résigné et prêt à tous, nous allons comme
des agneaux à la boucherie, ça de la manière
dont les choses sont menées il n'y a pas
d'apparence que nous en revenions jamais
car on nous fera mille questions captieuses
et nous ne trahirons jamais ni la vérité
ni l'honneur, ni la conscience les bourreaux
toujours en jeu de nous trouver des crimes
papa sera encouragé comme je viens dire
et de correspondance avec les émigrés,
notamment de complicité avec les humains
il n'en faut pas tant à leurs yeux pour
nous faire sauter la tête, sans parler du
péché originel, et d'avoir eu du bien, mais
dans ce moment on ne peut désirer devoir
ni craindre la mort. la perspective de cette
voyage effraye plus que la guillotine qui ne
tuerait qu'une, mais j'ai but boire le calice
jusqu'à la lie, et entrer avec courage dans
cette carrière de souffrance, d'pauvreté de
misère, à prières et de durée qui se trouve
devant nous, le temps de la patience pour nous
allons en n'est bien propre à fortifier notre
cœur le cours de la si nous pouvons
ainsi appeler notre voyage qui n'est qu'une
longue agonie pour préparer au sacrifice

s'agissant en dieu probablem.t nous appelle
puisse toutes ces misères du tems nous éviter
celles de l'éternité! nous pouvons dire à present
que nous commençons à être véritablem.t
disciples de Jesus Christ puisqu'il nous donne
une part particulière a sa croix. nous
ne pouvons plus voir notre petit ange
consolateur, c'est pour nous un le plus
grand sacrifice, il vous coutera un peu
notre triste vie ici dont on ne peut guère
se faire idée il semble que tous les desagrem.s
imaginables pour le cœur et le corps
se sont reunis, et cela nous faisoit desirer
puisque notre départ nous a.t à aller
coucher de pris ou en prison, mais nous
aurons au moins varieté dans nos misères,
si vous pouvez écrire a euphrasie, donnés
lui de nos nouvelles, nous avons pas
ou sienne   notre nous
sommes!   après bien
j'ai eu peu   t.t de soul
des cent.s r.q.s   en dalion
de l'arrivée   mais
ale a
nation qui nous donne d'i ou a d.eur
25 s. par jour. nous devons être 25 jours

Dans toute 5.e page nous arriverons à la fin du tems pascal. p[rie]z mes cheres amies le bon dieu de Soutenir notre courage et nous donnes les graces dont nous avons Besoin pour la terrible cariere que nous allons pas cour[ir] on me presse d'finir pour aller nous coucher je paserois Volotiés la nuit a causer avec vous mais il faut obeir. adieu Souvenes vous de nous et de moi en particulier apres ma mort Vous Savez combien mon c[oe]ur vous aime il vous chérit tendrem.t adieu cheres amies Jusqu'à l'eternité— long mien regret est de n'avoir pas asses profité d[es] moyens de Sanctification que j'ai eu dans une sa[in]te Societé, mais je me repose sur la misericord[e] de Dieu qui j'espere prendra tout ceci en expiation et peinture d'une pechere d[...]

Liv. III, Ch. VI. — La Conciergerie. 231

vante (1) que Victoire écrivait à sa supérieure, Madame de Marigo, en date du 3 avril 1794, en nous annonçant le fatal départ pour Paris, va nous révéler une fois encore tout ce qu'il y avait de tendresse filiale, de résignation et de courage dans ce noble cœur :

3 avril.

« Avant de partir pour le long et terrible
» voyage (qui sera très probablement notre
» tombeau,) je veux, ma chère Charlotte,
» vous dire un dernier adieu qui vous sera
» commun avec la chère Constance. C'est
» définitivement demain, vendredi, que nous
» mettons à la voile, moitié dans une mau-
» vaise voiture qu'on a obtenue par grâce
» et qu'on prête par charité à mes parents,
» moitié en charrette. De la manière dont le
» temps est disposé, nous ferons notre voyage
» autant par eau que par terre. Mais tout
» cela n'est rien en comparaison des autres
» misères qui nous attendent et dont nous
» avons fait ici l'échantillon. On ne peut guère
» rien ajouter à celles que nous avons éprou-
» vées, et à la manière dont nous sommes

---

1. Cette lettre complètement inédite et providentiellement trouvée dans les archives de famille, le 21 mai 1881, nous a été immédiatement communiquée par Madame Toussaint de Silguy, née de Trédern. A l'exception de quelques lignes qui ont complètement disparu avec un coin du papier, nous avons pu transcrire exactement le texte dont nous donnons une partie en fac-simile

» traités. Jamais il n'y a eu rien de pis envers
» les plus grands criminels ; mais le témoi-
» gnage de notre conscience et la pensée de
» JÉSUS notre Maître souffrant pour nous, fait
» notre soutien et notre consolation.

« La vue de mon pauvre papa et de maman
» arrivant ici a pensé m'accabler, je l'avoue ;
» la fièvre prit à maman en arrivant (*sic*), et
» toute mon inquiétude est de laisser l'un ou
» l'autre, ou tous les deux malades dans
» quelque prison. Mais il faut tout abandon-
» ner entre les mains de Dieu qui voit tout
» et permet tout, et sûrement pour notre
» bien, au moins pour l'éternité. Leur cou-
» rage a ranimé le mien, et Dieu leur fait
» bien des grâces. Mon pauvre papa prend
» cela mieux que je n'aurais osé m'y attendre :
» il est soumis, résigné et prêt à tout. Nous
» allons comme des agneaux à la boucherie,
» car de la manière dont les choses sont
» montées, il n'y a pas d'apparence que nous
» en revenions jamais. On nous fera mille
» questions captieuses, et nous ne trahirons
» jamais ni la vérité, ni l'honneur, ni la
» conscience ; et on trouvera toujours moyen
» de nous trouver des crimes. Papa et maman
» sont mandés comme prévenus d'intelli-
» gence et de correspondance avec les émi-
» grés, et notamment de complicité avec les
» Trémaria. Il n'en faut pas tant à leurs yeux

Liv. III, Ch. VI. — La Conciergerie.

» pour faire sauter la tête, sans parler du
» péché originel (1) et d'avoir eu du bien ;
» mais dans ce moment on ne peut désirer de
» vivre ni craindre la mort. La perspective de
» cet affreux voyage effraie plus que la guillo-
» tine qui n'est qu'un moment ; mais il faut
» boire le calice jusqu'à la lie et entrer avec
» courage dans cette carrière de souffrance,
» de pauvreté, de misères, d'opprobres et de
» duretés qui s'ouvre devant nous. Le temps
» de la Passion où nous allons entrer est bien
» propre à fortifier notre cœur dans le cours
» de la nôtre, car nous pouvons ainsi appeler
» notre voyage qui n'est qu'une longue agonie
» pour préparer au sacrifice sanglant où Dieu
» probablement nous appelle. Puissent toutes
» ces misères du temps nous éviter celles de
» l'éternité ! Nous pouvons dire à présent que
» nous *commençons à être véritablement dis-*
» *ciples de* JÉSUS-CHRIST (2), puisqu'il nous
» donne une part particulière à sa croix.

« Nous ne pouvons plus voir ici notre petit
» ange consolateur (3) ; c'est pour nous ici

---

1. Par péché *originel* Victoire désigne sans aucun doute les titres de noblesse de sa famille. On sait avec quelle rage les révolutionnaires attaquèrent *l'aristocratie* française.

2. Ainsi s'exprimait le grand Évêque d'Antioche parlant pour le martyre.

3. Cet Ange consolateur est, selon toute probabilité, Madame Angélique de Silguy dont nous avons déjà plusieurs fois parlé. V. Note p. 229.

» notre plus grand sacrifice ; il vous contera
» un peu notre triste vie ici dont on ne peut
» guère se faire idée. Il semble que tous les
» désagréments imaginables pour le cœur,
» l'esprit et le corps s'y trouvent réunis, et
» cela nous faisait presque désirer notre
» départ. Nous allons aller coucher de prison
» en prison, mais nous aurons au moins
» variété dans nos misères. Si vous pouvez
» écrire à Euphrasie, donnez-lui de nos nou-
» velles *(espace déchiré............)* Nous devons
» être 25 jours dans notre voyage ; nous
» arriverons à la fin du temps pascal.

« Priez, mes chères amies, le bon Dieu de
» soutenir notre courage et nous donner les
» grâces dont nous avons besoin pour la
» terrible carrière que nous allons parcourir.
» On me presse de finir pour aller nous cou-
» cher. Je passerais volontiers la nuit à causer
» avec vous, mais il faut obéir. Adieu, souve-
» nez-vous de nous et de moi en particulier
» après ma mort ; vous savez combien mon
» cœur vous aime et vous chérit tendrement.
» Adieu, chères amies, jusqu'à l'éternité !..
» Tout mon regret est de n'avoir pas assez
» profité des moyens de sanctification que
» j'ai eus étant en votre sainte société, mais
» je me repose sur la miséricorde de Dieu
» qui, j'espère, prendra tout ceci en expiation
» et pénitence de mes péchés. Adieu ! »

Victoire allait donc partir pour le *long et terrible voyage ;* et un *vendredi,* jour consacré par la piété au souvenir des douleurs de JÉSUS crucifié, nos chers captifs allaient entrer dans cette *carrière de souffrances* qui devait les préparer *au sacrifice sanglant.* Mais courage, confiance ! Encore trois mois de misères, et l'exil sera terminé, et la couronne brillera sur leurs fronts triomphants !

L'ordre barbare de Fouquier-Tinvile était net et pressant : Monsieur et Madame de Saint-Luc, accompagnés de leur héroïque fille, furent donc sans retard dirigés sur Paris, et, comme on n'en peut douter, ce long et pénible voyage redoubla les douleurs des vénérables vieillards déjà épuisés. Victoire, quoique dans la force de l'âge, eut elle-même beaucoup à souffrir ; car en quittant la prison de Quimper, elle n'était pas encore guérie de la maladie qu'elle avait contractée près de ce pauvre marchand de sel dont tout le monde fuyait l'abord fétide et repoussant, et que seule elle avait eu le courage de soigner ([1]). Toutefois, si épuisée qu'elle fût, son dévouement soutenu par la grâce, lui permit encore d'être l'ange consolateur de son père et de sa mère ; elle leur prodigua, pendant cette interminable route, les soins de la piété filiale la plus tendre et put même

---

1 Voir p. 206.

rendre encore quelques services aux autres prisonniers conduits avec elle à la Conciergerie.

Renfermés dans cette affreuse prison, Victoire et ses parents ne pouvaient se faire aucune illusion, ni se bercer de vaines espérances. Toute leur préoccupation fut, pendant les trois mois environ qu'ils passèrent ensemble, de se préparer à la mort. A Paris, comme à Carhaix et à Quimper, ils sanctifièrent leur captivité par la prière, par la méditation des souffrances et de la mort de Jésus-Christ, et par la fréquente oblation de leur vie au Seigneur. Le Dieu qui jusqu'à cette heure avait adouci leurs longues épreuves, ne manquerait pas de les soutenir dans leur dernier combat.

Chaque jour Victoire récitait avec son père et sa mère les prières des agonisants. Voir sans cesse disparaître quelques victimes et s'attendre à toute heure au fatal appel qui devait les désigner pour l'échafaud, n'était-ce pas une agonie sans fin ? La prière heureusement adoucissait ces mortelles angoisses et les rendait chaque jour plus méritoires. Dieu d'ailleurs ménagea aussi à ces chers captifs les bienfaits du sacrement qui réconcilie et purifie les consciences. A cette époque où la vertu et l'honneur étaient des crimes, on était sûr de trouver des prêtres confesseurs de la foi, jetés dans les prisons : la providence le permettait pour le soulagement des nombreuses victimes de la révolution. Ces prêtres captifs faisaient-ils défaut, d'autres ministres du Dieu de charité savaient, sous un costume d'emprunt, pénétrer dans les cachots, et offraient aux âmes qui les réclamaient les secours de leur dévouement. A combien de malheureux ces saints prêtres ont-ils, au péril même de leur propre vie, ouvert les portes du ciel et fermé les abîmes de l'enfer ? Monsieur et Madame de Saint-Luc eurent l'immense consolation, ainsi que Victoire, de recevoir plusieurs fois la grâce de l'absolution. A leur grand regret le pain des forts, le viatique des mourants ne put pénétrer jusqu'à leur cachot. Ils ne se résignèrent à cette privation qu'en s'abandonnant à la divine volonté, et en s'unissant aux sentiments du cœur de l'Homme-Dieu agonisant à Gethsémani, mourant sur la croix et tous les jours délaissé au tabernacle.

Pour mériter jusqu'à la fin la protection du ciel et trouver dans les actes de leur charité un allégement à leurs propres souffrances, nos trois captifs ne cessaient de soulager les malheureux qui partageaient leurs chaînes ; leur bourse semblait inépuisable non moins que la tendresse de leur cœur. Leur aimable douceur, et, par dessus tout, la patience ineffable avec laquelle ils oubliaient les injures et pardonnaient à leurs persécuteurs, touchaient vivement leurs compagnons d'infortune ; aussi les plus indifférents étaient-ils contraints d'admirer une religion qui forme de tels héros et pour laquelle des milliers de victimes versaient leur sang.

Victoire, gardant jusqu'au bout l'activité que nous lui connaissons, continuait à la Conciergerie ses habitudes de travail, de prière et de correspondance. A Paris comme à Quimper, elle s'occupait de ces pieux ouvrages pour lesquels Dieu lui avait inspiré un goût tout particulier, et confiait au papier les diverses impressions que son âme éprouvait en ces jours d'angoisse. Malheureusement ces notes ne sont pas parvenues jusqu'à nous: Victoire les avait remises, ainsi que sa montre et quelques diamants de sa mère, à une personne qu'elle croyait digne de sa confiance : ce précieux dépôt est resté dans des mains infidèles (1).

---

1. Victoire imagina pour donner de ses nouvelles à ses sœurs qui en étaient absolument privées, de faire avec des cheveux de ses parents et des siens, de petites bagues pour chacune d'elles. Elle y joignit quelques bagatelles et trouva moyen de leur faire parvenir ce touchant témoignage de souvenir et de tendresse ; mais hélas! il ne fut reçu que quinze jours après leur mort. (Mms.) C'est sans doute également de la Conciergerie et peu de jours avant son saint trépas que Victoire envoyait à Madame de Larchantel une bague de ses cheveux et un reliquaire qu'elle avait fait en prison, avec ces lignes significatives : « *Pour M. (Madame de Marigo) de la part de la pauvre Victoire qui part pour la guillotine, et qui se recommande après sa mort à tes*

Liv. III, Ch. VI. — La Conciergerie.

« *Il faut boire le calice jusqu'à la lie,* » écrivait Victoire le 3 avril ; elle disait vrai ! Par un raffinement de barbarie, elle se vit séparée de son père et de sa mère les quinze derniers jours de sa captivité. Il est plus facile d'imaginer que de peindre l'agonie de cœur qu'endura Victoire pendant ces effroyables semaines... Mais Dieu permit qu'une fois encore la prison les retrouvât ensemble. Hélas ! ce fut pour conduire les trois victimes devant le tribunal de sang, et de là au lieu des sinistres exécutions. Tous trois furent jugés et condamnés à mort avec cette criante injustice et cette froide cruauté que l'on sait. La cause de l'arrestation et de l'emprisonnement de Victoire de Saint-Luc avait été *qu'elle était religieuse et propagatrice d'images superstitieuses.* La condamnation à mort n'eut pas d'autre motif. Heureuse chrétienne, envoyée à l'échafaud pour s'être consacrée généreusement à Jésus-Christ et pour avoir contribué à répandre la dévotion au Sacré-Cœur !

Le jour même où la sentence fut portée, la paix dont le cœur de Victoire était le sanctuaire, rayonna sur son visage d'un éclat tout

---

prières et à celles de R. (M^r l'abbé de Larchantel.) *Quand tu le reverras, tu lui arrangeras de ma part un beau reliquaire de toutes les reliques que je te donne. Elles étaient à mon saint oncle et sont bien authentiques. Si j'ai le bonheur d'aller au ciel, comme je l'espère, je n'y oublierai pas mes pauvres compagnes, ni nos amis !* »

nouveau. Il semblait que l'héroïque vierge touchait déjà la palme du martyre. Comme leur fille, Monsieur et Madame de Saint-Luc se montrèrent dignes jusqu'à la fin de leur foi et de leur noble caractère. Ce fut, il faut bien l'avouer, un contraste avec l'attitude de plusieurs autres condamnés qui, non seulement n'eurent pas leur résignation, mais parurent s'abandonner au désespoir. Dieu, dans sa miséricorde, se servit de Victoire pour sauver une de ces malheureuses victimes, que la perspective de l'échafaud exaspérait. Une âme allait encore devoir son salut à celle qui n'était entrée à la Retraite que pour sauver les âmes.

« *Le marquis de Cornulier*, disent les Annales manuscrites de la Retraite de Quimper, *jeune* (1), *riche, uni à une épouse digne de sa tendresse, père de deux enfants chéris, fut condamné à mourir le même jour que Victoire. Il ne pouvait se résigner à son sort : trop de liens l'attachaient à la vie.* » La sentence de mort l'avait jeté presque dans le désespoir. Pour comble de douleur, voici qu'il aperçoit tout-à-coup sa malheureuse femme : elle était accourue éplorée jusqu'à la Conciergerie pour lui faire ses adieux. A sa vue, le pauvre marquis pousse un cri, se jette aux genoux de sa femme, lui prend convulsivement les mains, les baise, les arrose de ses larmes, et, au milieu de san-

---

1. Il n'avait que vingt-huit ans.

Liv. III, Ch. VI.— La Conciergerie.

glots qui fendent le cœur, il laisse échapper des paroles qui témoignent de son désespoir. Victoire est navrée ; mais l'âme de cet infortuné que va-t-elle devenir ? Il faut à tout prix la sauver. Elle s'approche donc du pauvre condamné avec un calme céleste et une affectueuse compassion. Elle lui parle de Dieu, du bonheur éternel, lui fait doucement comprendre qu'en profitant des courts instants de vie qui lui restent, et en s'abandonnant à la miséricorde divine, il peut obtenir une heureuse éternité... Elle-même va bientôt partager son sort...... Et voici que peu à peu le jeune marquis, sous le charme de ces angéliques paroles, étouffe ses sanglots, relève la tête et semble revivre. L'espérance est rentrée dans son cœur. Bientôt, prosterné aux pieds d'un prêtre, il trouve dans le sacrement de réconciliation avec Dieu, une force nouvelle pour pardonner à ses bourreaux et faire le sacrifice de sa vie ! Dans quelques instants il marchera au supplice avec la résignation d'un parfait chrétien. Victoire avait sauvé une âme de plus. Que son nom soit à jamais béni et vénéré par les nobles descendants de celui qu'elle a conduit au ciel !

L'heure du fatal dénouement avait sonné et les condamnés étaient rangés au pied de l'échafaud. C'est alors que, soutenue par une force merveilleuse, Victoire prodigue à son père et à sa mère es témoignages de sa filiale tendresse ; apôtre jusqu'à la fin, elle leur parle du bonheur qu'ils ont de mourir tous trois pour la cause de Celui qui avait daigné répandre son sang pour eux ; elle leur montre le ciel, où bientôt ils vont se retrouver dans le sein même de Dieu, et goûter ensemble les joies éternelles de la vraie patrie... Se prosternant ensuite à leurs pieds, elle leur demande une dernière bénédiction. Les deux vieillards la lui donnent en l'inondant de leurs larmes ! Fortifiée par cet acte de piété filiale, Victoire n'attend plus que le signal ; elle est prête à gravir les sinistres degrés. Elle a supplié l'agent des hautes-œuvres de lui épargner la douleur de voir tomber la tête de ses parents. Cette faveur lui est accordée, le bourreau l'appelle la première ; c'en est donc fait !... Victoire alors s'arrache aux derniers embrassements de son père et de sa mère, elle met le pied sur le degré de l'échafaud, et, jetant sur ses parents bien-aimés un regard d'inexprimable tendresse : « *Cher Père et chère Mère*, leur dit-elle avec l'accent inspiré des martyrs, *vous m'avez appris à vivre, je vais, avec la grâce de Dieu, vous apprendre à mourir !* » Quelques instants après, le sacrifice était consommé ; la tête de Victoire et celles de Monsieur et de Madame de Saint-Luc tombaient ensanglantées sous le fer de la guillotine ; mais, nous n'en doutons pas, leurs âmes généreuses recevaient au ciel la couronne des vainqueurs. Soixante personnes environ partagèrent le même supplice. C'était le 19 juillet 1794, dix jours seulement avant la chute de Robespierre.

Ainsi Notre-Seigneur venait d'exaucer le double vœu que cette noble fille de la Bretagne avait si souvent exprimé, surtout depuis son entrée dans la Maison de la Retraite. Victoire mourait à trente-trois ans comme JÉSUS-CHRIST, et pour JÉSUS-CHRIST elle mourait martyre, martyre de sa dévotion au Sacré-Cœur !

« *Le souvenir des vertus de Victoire est propre à ranimer notre ferveur. Prenons-la pour modèle ; brûlons comme elle, jusqu'à la fin, d'amour pour Dieu et pour le prochain ; c'est là tout l'esprit de notre vocation.* » C'est par ces réflexions aussi simples que vraies que l'annaliste de la Retraite de Quimper, termine le récit du glorieux trépas de Victoire de Saint-Luc. Si nous avions d'autres paroles à faire entendre, ce serait le vœu de retrouver au besoin un grand nombre d'âmes aussi généreuses et aussi fidèles. Ce serait le vœu de mourir nous-mêmes pour le nom de JÉSUS et pour son divin Cœur.

FIN.

Appendices.

I.
Monseigneur de Saint-Luc et les Francs-maçons de Quimper, en 1776.

ONSEIGNEUR de Saint-Luc avait appelé, ainsi que nous l'avons dit ([1]), une quarantaine d'ecclésiastiques de son diocèse, distingués par leur science, leur éloquence et leurs vertus, afin de donner le Jubilé, en forme de mission, dans sa ville épiscopale. Parmi les sujets d'importance majeure sur lesquels on crut nécessaire d'instruire le peuple, on signala d'un commun accord la *Franc-maçonnerie* qui faisait dans plus d'une classe de citoyens les progrès les plus déplorables. Les gens de la campagne eux-mêmes étaient séduits par des émissaires de la secte qui leur promettaient de les enrichir, pourvu qu'ils payassent, en s'enrôlant, une certaine somme dont on leur donnait quittance. Monseigneur de Saint-Luc avait la preuve écrite de ces malversations, et d'ailleurs, le scandale et les dommages causés par les assemblées clandestines et fréquentes de la loge

---

1. Pages 35 et 97.

n'étaient que trop notoires. Mais comme les principaux chefs tenaient dans la ville un rang et une autorité qui les rendaient redoutables, il y avait des risques évidents à courir, en attaquant ouvertement la secte. De là une certaine incertitude : quand, comment et qui traiterait cette délicate et dangereuse question ? Monseigneur l'Évêque, dont la conscience ne pouvait se résigner aux hésitations, en face d'un vrai danger pour les âmes, déclara aux missionnaires que c'était à lui, en qualité de premier pasteur, à s'exposer tout d'abord; et après y avoir bien pensé devant Dieu, après avoir pris l'avis de ses coopérateurs, il fut décidé qu'il devenait d'autant plus nécessaire et urgent d'élever la voix, que les Francs-maçons disaient hautement que « *l'Évêque n'oserait le faire.* » Le prélat monta donc en chaire, et en présence d'un peuple immense et des gens de la secte qui étaient venus en assez grand nombre grossir l'auditoire, il attaqua la Franc-maçonnerie et dans ses principes et dans ses conséquences; il dévoila une partie de ses turpitudes, il montra qu'elle était opposée aux lois de l'État comme à celles de l'Église ; en un mot il fit valoir avec un zèle apostolique toutes les raisons et tous les motifs qui devaient éloigner de ces assemblées tout bon chrétien comme tout bon citoyen et tout sujet fidèle ([1]). Ce discours fit

---

[1]. Qu'il nous soit permis de recommander le magnifique

une profonde impression sur l'auditoire ; on en parla beaucoup à Quimper et dans le diocèse. Quant aux francs-maçons, dissimulant leur dépit et leur mauvais vouloir, ils se contentèrent de faire prévenir Monseigneur de Saint-Luc que si l'on venait à traiter une seconde fois cette matière, comme il l'avait annoncé, on le dénoncerait au tribunal. Cette menace ne pouvait intimider le saint Évêque, elle l'encouragea plutôt à porter à la secte un dernier coup. Il le fit et avec une nouvelle vigueur, la veille de la clôture de la mission. En rentrant chez lui, il trouva dans le vestibule du palais une assignation qui y avait été jetée à l'insu de ses gens, et qui lui enjoignait de comparaître le lendemain devant le lieutenant-criminel « *pour déposer comme témoin sur un sermon prêché dans la cathédrale, circonstances et dépendances*, etc. » Monseigneur fit signifier au Procureur du Roi un déclinatoire. Le déclinatoire ne fut point accepté, et une nouvelle assignation fut portée au Prélat. Celui-ci crut alors devoir comparaître au tribunal ; on y entendait déjà d'autres témoins, choisis à dessein pour la plupart, et propres à

---

ouvrage du R. P. Deschamps sur les sociétés secrètes, ouvrage édité et annoté par l'éminent professeur d'économie politique, à la Faculté Catholique de Paris, monsieur Claudio Jannet. Ce livre irréfutable jette une lumière sinistre sur notre époque. L'auteur pousse le cri d'alarme : Puisse-t-il être entendu ! « *Les sociétés secrètes et la Société, ou philosophie de l'histoire contemporaine.* » Seguin aîné, imprimeur-éditeur.

entrer dans le projet de susciter à Monseigneur une affaire sérieuse. Le lieutenant-criminel ordonna de faire lecture de la plainte portée contre l'Évêque de Quimper. Monseigneur, voyant qu'il est question de son sermon et qu'on cherche à donner à ses paroles une interprétation et une tournure dignes de la chicane la plus raffinée et la plus maligne, prend alors lui-même la plume et, pour prévenir toute surprise et les effets de la mauvaise foi, il rédige sa déposition en ces termes : Toussaint-François-Joseph Conen de Saint-Luc, Évêque de Quimper... a « déclaré qu'il n'a comparu ici
» que pour obéir à la justice et pour donner à
» ses diocésains l'exemple qu'il leur doit en
» tout genre ; mais que, dès qu'il est question
» d'un sermon par lui prêché, il n'a rien à déposer, ne devant compte de sa doctrine qu'à
» Dieu et à ses supérieurs dans l'ordre hiérarchique, etc. »

Néanmoins Monseigneur, pour satisfaire à ce qu'il devait à la religion et à sa dignité, crut devoir instruire Monsieur le Garde des Sceaux et MM. les agents généraux du Clergé de ce qui se passait. Le premier ordonna au Présidial de Quimper de lui envoyer la procédure commencée ; et peu de temps après, il écrivit au Prélat pour lui donner avis qu'il a mandé, de la part du Roi, à la suite du conseil d'État, le Lieutenant-criminel et Procureur du Roi·

Monseigneur qui était alors en cours de visites pastorales, s'empressa de répondre à Mr le Garde des Sceaux et de le supplier avec les plus vives instances de renvoyer les deux magistrats à leurs fonctions. Mais, malgré les raisons que la charité de l'Évêque alléguait dans sa lettre, le Ministre de la Justice les retint plusieurs mois à Paris. Depuis cette époque jusqu'à sa mort, Monseigneur a mis tout en œuvre pour prouver à ces deux magistrats combien il était éloigné de conserver le moindre souvenir de leurs manquements à son égard; il leur témoigna en toute occasion des prévenances et des attentions pleines de délicatesse, et leur rendit tous les services qui dépendaient de lui.

Tandis que le Ministre de la Justice agissait comme nous venons de le dire et punissait les magistrats qui avaient si publiquement outragé l'Évêque de Quimper, le Cardinal de la Roche-Aymon, Ministre de la Feuille des Bénéfices, instruit de son côté des persécutions et des désagréments qu'il éprouvait, le faisait nommer, sans l'en prévenir, à l'Évêché de Saint-Flour, et en lui annonçant cette translation, il lui faisait envisager les avantages qu'il trouverait sur ce nouveau siège. Monseigneur de Saint-Luc fut très touché de la bonne volonté du Cardinal-Ministre, mais il se hâta de lui écrire, après lui avoir témoigné sa

reconnaissance, « que son Éminence avait déjà
» à se reprocher devant Dieu de l'avoir placé
» sur le siège de Quimper. Mais que, puisque la
» Providence l'avait ainsi permis, il ne quitte-
» rait pas son épouse... Que la crainte des
» persécutions et les persécutions elles-mêmes
» n'avaient pas paru à saint François de Sales
» et à tant d'autres grands évêques un motif
» suffisant pour changer de siège, et qu'il était
» décidé à les imiter au moins en cela.... Qu'en
» conséquence il le priait de faire agréer au
» roi sa profonde reconnaissance et en même
» temps son refus formel.... Qu'au reste, il
» espérait avec la grâce de Dieu gagner par
» ses bons procédés celles de ses ouailles qui
» s'étaient écartées des sentiments qu'elles
» devaient à leur pasteur... » Le Cardinal de
la Roche-Aymon ayant montré cette lettre
au Roi Louis XVI, Sa Majesté en fut
grandement édifiée et n'insista pas pour que
Monseigneur de Saint-Luc changeât de
siège.

Ce fait, raconté dans les manuscrits de M^r
l'abbé Boissière, nous prouve que Monseigneur
de Saint-Luc n'avait pas seulement la force
du lion pour défendre les intérêts de la Foi,
mais aussi la douceur et la patience de l'agneau
POUR SOUFFRIR ET PARDONNER.

II.

Fébronius et le Fébronianisme.

FÉBRONIUS, ou plus exactement (Jean-Nicolas de) Hontheim, est resté tristement célèbre par un ouvrage publié à Francfort-sur-le-Mein en 1763, ouvrage dans lequel il mine le fondement de la puissance de l'Église, la primauté de saint Pierre, exalte les droits des Évêques, nie l'infaillibilité du Pape, de l'autorité duquel on peut en tout temps appeler au concile, reconnaît aux princes catholiques le droit du *placet* royal, de l'appel comme d'abus, etc. Cet ouvrage dont le but était, comme le prétendent tous les novateurs, de réunir les protestants à l'Église (1), « *Ad reuniendos dissidentes in religione christianos compositus,* » fut condamné le 27 février 1764 par la Congrégation de *l'Index* et le 14 mars suivant par une encyclique de Clément XIII. Son successeur, Clément XIV, fut dans une situation telle à l'égard des cours catholiques qu'il ne put faire aucune démarche décisive ; aussi l'esprit

---

1. Voici le titre complet du livre : Justin. Febronius : *De statu Ecclesiae et de legitima potestate Romani Pontificis liber singularis, ad reuniendos dissidentes in religione christianos compositus; Bullioni.* 1763, à Francfort-sur-le-Mein chez Esslinger. (V. dictionn. Goschler.)

du *Fébronianisme* condamné à Rome continua à fermenter et à corrompre de plus en plus les esprits d'ailleurs trop portés à la révolte contre l'autorité légitime des Papes. Pie VI en 1778, s'occupa activement de cette affaire et exigea, sous peine des censures de l'Église, une solennelle rétractation de Hontheim. Après d'assez tristes tergiversations, l'auteur donna enfin satisfaction au Saint-Siège, et il mourut réconcilié avec Dieu et avec l'Église dans son château de Montquintin, dans le Luxembourg, le 27 septembre 1790.

Jean-Nicolas de Hontheim était né le 27 janvier 1701, à Trèves, d'une riche famille patricienne de cette ville. Il reçut sa première instruction chez les Pères de la Compagnie de JÉSUS établis dans cette ville et fit ses études universitaires à Louvain, où il suivit avec un grand zèle les cours de droit canon de Van Espen. En 1748, il devint suffragant de l'Évêque de Trèves, sous le titre d'Évêque de Myriophyte, et jusqu'à l'âge de 62 ans, il se montra par sa science et sa conduite digne de laisser un nom honorable parmi les savants et les dignitaires de l'Église. Malheureusement il entra alors dans une voie toute nouvelle, et en troublant l'Église, il s'enleva à lui-même le repos et les droits à une réputation intacte. Certains principes puisés à l'école de Van Espen et son commerce avec les Jansénistes le firent dévier de la saine doctrine et l'amenèrent à publier l'ouvrage indiqué plus haut et que des protestants eux-mêmes critiquèrent amèrement. Hontheim publia son livre sous le nom de *Justinus Febronius*, nom emprunté à sa nièce *Justine*, chanoinesse de Juvigny, dont le nom en religion était *Fébronia*. Les tristes dispositions prises par les délégués des archevêques allemands, le 25 août 1786, au *congrès d'Ems*, près de Coblentz, encouragés par l'empereur Joseph II le 7 septembre 1786, furent les conséquences du *Fébronianisme*. « *Elles mettaient*, dit le protestant Menzel lui-même, *toute la puissance de l'Église aux mains des Évêques.* » Le protestant Jean Muller considère « *l'entreprise des évêques comme dégradante pour le chef de l'Église, et l'avant-coureur d'une révolution certaine.* » La constitution civile du clergé en France ne fut guère qu'une copie du Congrès d'Ems ; et l'on sait assez si cette constitution fut dans notre pauvre patrie le principe d'une fatale révolution. Inutile d'ajouter que ce congrès et cette constitution furent condamnés par Pie VI. Ainsi toujours la guerre à l'Église et à la vérité, mais : *Non prævalebunt !.... Veritas Domini manet in æternum.* Il peut être utile, à l'heure présente, de rappeler ces faits.

III

Rétablissement des Maisons de Retraites dépendantes de Quimper.

LE lecteur nous demande sans doute ce que la Maison de Retraite de Quimper est devenue après la tourmente révolutionnaire, sur quelles bases l'association des Dames directrices s'est reconstituée, et avec quels succès elle s'est développée depuis le commencement de ce siècle. Nous allons répondre le plus succinctement possible à ces légitimes questions.

Le département du Finistère qui s'était signalé par ses violences contre les maisons religieuses et contre le clergé fidèle, ne fut pas, grâce au ciel, étranger au mouvement réparateur qui signale les premières années de ce siècle. Il avait beaucoup détruit, il s'empressa de relever. Déjà les Hospitalières cloîtrées, les Calvairiennes et les Ursulines avaient profité de la bienveillante protection de Monsieur Miolis, préfet de Quimper, pour rentrer dans leurs pieuses solitudes. Madame de Marigo et ses compagnes ne restèrent pas en arrière dans ce mouvement de religieuse revendication ; et vivement encouragées par Monsieur Dumoulin, curé de la Cathédrale, plus puissamment encore par Monseigneur Dombideau de Crouseilhes, leur évêque, elles demandèrent et obtinrent, dès le mois de juin 1805, l'autorisation de se réunir en société, pour faire les petites écoles gratuites aux pauvres. Elles voulaient par là arriver peu à peu au rétablissement de l'Œuvre des Retraites, leur œuvre capitale.

Dieu bénit si visiblement la Société renaissante que, dès le carême de 1806, les pieuses Directrices eurent la consolation de donner une première retraite dans la maison Kerstrat, rue Tourbie. Elles le firent avec un succès qui dépassa toutes leurs espérances, réjouit grandement le cœur de Monseigneur Dombideau et celui de Madame de Marigo que la communauté avait replacée à sa tête en lui faisant reprendre le titre de Supérieure.

La maison Kerstrat fut bientôt trop petite. On chercha à recouvrer l'ancienne *Retraite*, devenue caserne de gendarmerie. Toutes les démarches furent inutiles. Plusieurs autres tentatives ayant échoué pour trouver un local convenable à Quimper, ces Dames se décidèrent à suivre le conseil d'un prêtre dévoué qui leur avait signalé l'ancien couvent des Dominicains à Quimperlé. Autorisées et encouragées par Mgr l'Évêque, elles en firent l'acquisition pour une somme relativement peu considérable, et, après les plus urgentes réparations, elles purent en prendre possession en septembre 1808. Dès l'année suivante, on fut en mesure d'y donner des retraites bretonnes et françaises : Dieu daigna les couronner des plus consolants succès.

Peu à peu des sujets de grand mérite vinrent en bon nombre se grouper autour des ferventes restauratrices de la Société ; et, au bout de quelques années, la maison de Quimperlé se vit en état de former plusieurs colonies florissantes, entre autres, celle de Lesneven qui n'a jamais cessé de regarder la maison de Quimperlé comme son berceau.

Par la force des choses, la ville épiscopale, chef-lieu du département, est devenue le centre de la Congrégation. C'est à Quimper que se trouvent la Résidence de la Supérieure générale et le noviciat de la Société.

Nous venons de voir que l'institut des Dames de la Retraite a survécu aux bouleversements révolutionnaires ; nous pouvons dire en deux mots qu'il s'est développé, non sans succès, pour la gloire de Dieu et le bien des âmes. Actuellement il compte quatre établissements dépendants de la maison-mère fixée à Quimper, soit, Quimperlé, Lesneven, Brest et Pont-Château.

Il n'entre pas dans notre plan de parler des branches qui, depuis 1820, se sont séparées du tronc primitif de la *Retraite* dite de *Quimper*, et se sont elles-mêmes multipliées dans le vaste champ du Père de famille.

Nous ne pouvons et ne voulons que constater la résurrection de la Maison de Retraite de Quimper, et prier le Seigneur de bénir l'arbre et tous ses fidèles rejetons.

Dans l'origine, les Dames de la Retraite n'étaient pas constituées en communauté religieuse, par conséquent n'étaient liées par aucun vœu perpétuel. La pratique des vertus solides et la fidélité à suivre le *Règlement* qu'un saint religieux leur avait donné [1] les soutinrent pendant plus d'un siècle et demi dans l'esprit de ferveur; et, chose remarquable, c'est à peine si, dans l'espace de cent ans, une ou deux directrices quittèrent l'association, et l'une d'elles, disent les annales manuscrites, ne se retira que par défaut de santé.

En 1820, Monseigneur Dombideau crut devoir modifier ce *Règlement*, « *mais*, ajoutent les manuscrits, *c'est toujours la même base, les mêmes obligations et le même esprit.* » Ces modifications devaient peu à peu arriver à une transformation. Pour fortifier la base même de l'édifice de leur propre sanctification, pour rendre les vocations plus stables et surtout plus méritoires, ces Dames, après mûre délibération, se sont constituées en Congrégation religieuse; et, sous l'autorité de l'Évêque qui les en a

---

1. V. 3ᵉ appendice, p. 255.

hautement félicitées, elles se sont liées par les vœux simples de religion, pauvreté, chasteté, et obéissance, et par un quatrième, qui est le vœu caractéristique de leur institut, celui de travailler au salut des âmes par le moyen des Retraites et de l'éducation chrétienne des enfants.

Après une épreuve de cinq ans, elles sont admises aux vœux perpétuels et sont dès lors constituées à tout jamais les Épouses de Celui qui demande leur fidèle et persévérant concours dans l'œuvre du salut des âmes. Heureuses filles du Cœur de JÉSUS ! Elles ont compris les trésors attachés aux *Exercices spirituels*. Qu'elles soient toujours les dignes dépositaires du talent que le Seigneur leur a confié, mais en même temps, qu'elles le fassent fructifier en coopérant avec les prêtres et les apôtres à la direction des Retraites, dociles aux enseignements des vénérables Pères Huby et Maunoir, et aux traditions que leur ont léguées les Dames de Kerméno et de Marigo leurs plus illustres supérieures et mères !

Dès les premières années de ce siècle, les Dames de la Retraite se sentirent portées à honorer d'une façon particulière le Cœur sacré de JÉSUS. C'était une dévotion que le saint Père Huby enseignait déjà vers 1670 aux fidèles de la Bretagne ; et les Directrices que l'homme de Dieu avait formées à son œuvre de prédilection, ignoraient moins que qui ce soit tout le prix qu'il attachait à cette touchante et précieuse dévotion. Cependant ce n'est qu'à partir de 1806 que la famille renaissante de la Retraite de Quimper se consacra d'une manière exceptionnelle au Cœur de JÉSUS, qu'elle adopta certaines pratiques envers ce divin Cœur, et qu'il fut décidé que désormais on porterait sur la poitrine un cœur d'argent, mémorial du Cœur de JÉSUS dont la chère et vénérée Victoire de Saint-Luc avait au péril de sa vie propagé la douce image, et dont elle peut, à juste titre, être appelée la sainte et glorieuse martyre.

Pour toutes ces causes les Dames de la Retraite de Quimper s'appellent *Religieuses de la Retraite du Cœur de* JÉSUS, et ce nom, agréé par Monseigneur l'Évêque de Quimper, a déjà été plusieurs fois consacré par des brefs ou rescrits venus de Rome. Puisse ce nom, qui dit tant de choses à l'esprit et au cœur de ces Dames, leur être un gage de paix et de sécurité dans les jours difficiles que nous traversons; et, à l'heure trop possible des grandes catastrophes, être synonyme de persévérance et de victoire!... (1)

---

1. Nous avons dit plus haut que les Directrices de la Retraite de Quimper, durent en 1805 commencer par se faire maîtresses dans les petites écoles gratuites des pauvres, afin de pouvoir reprendre peu à peu leur œuvre principale, *l'œuvre des Retraites.* Cette œuvre des Retraites, pour être soutenue avec fruit, a nécessité que l'on continuât celle de l'instruction et de l'éducation

IV.

Madame de Marigo.

MADAME de Marigo a rempli chez les Dames de la Retraite un rôle trop important et trop glorieux, pour que nous ne consacrions pas ici quelques pages supplémentaires à ce que nous n'avons pu dire dans le courant de notre ouvrage.

Née à Quimper et baptisée le 12 décembre 1740, Marie-Charlotte de Marigo entra à la Retraite de cette ville le 13 avril 1776 ; elle était dans sa trente-sixième année. Ses inclinations exceptionnellement vertueuses avaient attiré son âme vers le Carmel, et plusieurs fois elle en avait demandé l'entrée. Elle dut se résigner à un refus dont la délicatesse extrême de sa santé fut seule la cause. Ses aspirations se tournèrent ensuite vers la Retraite. L'empêchement vint alors de sa mère, qui poussa

---

des enfants. Des pensionnats ont été annexés à plusieurs maisons de Retraite ; et Dieu, en les bénissant, a prouvé que ce double apostolat était agréable à son Cœur. Les maisons de Quimper, de Brest, de Lesneven et de Quimperlé sont de ce nombre. A Quimper, où se trouve la maison-mère, et à Quimperlé, une partie des bâtiments de la communauté est réservée aux Dames que l'amour de la vie régulière porterait sinon à se lier par les vœux de religion, du moins à se retirer dans une pieuse solitude. Ces Dames sont appelées Grandes-Pensionnaires. La maison de Pont-Château, au diocèse de Nantes, n'a que l'œuvre des Retraites et celle des Grandes-Pensionnaires.

l'épreuve jusqu'à la rudesse. Marie-Charlotte cependant avait l'âge de prendre un parti : aussi, après avoir fait une sommation très respectueuse à sa mère, se rendit-elle chez les Dames de la Retraite, bien décidée à y rester malgré les obstacles qu'y pouvait mettre l'irritation maternelle. Chose merveilleuse ! C'est au moment où Marie-Charlotte allait entrer dans la communauté, en dépit du nouveau refus que lui avait fait sa mère, que celle-ci vint à la maison, demanda sa fille et voulut lui donner sa bénédiction !... Dieu récompensait la persévérance de Marie-Charlotte en lui accordant ainsi de pouvoir prendre le saint habit et faire sa consécration dans la joie complète de son cœur.

Malgré sa mauvaise santé la nouvelle Directrice s'acquitta parfaitement de tous ses devoirs, et la meilleure preuve que nous puissions donner de ses rares talents et de sa solide piété, c'est que, sept ans après sa consécration, elle fut jugée digne par ses compagnes de succéder à Madame du Clesmeur, en qualité de Supérieure. Marie-Charlotte effrayée de son élection et se croyant absolument incapable de remplir la charge qu'on lui imposait, refusa le fardeau de la supériorité. Il fallut recourir à l'autorité de Monseigneur de Saint-Luc qui, jugeant l'élection parfaite, la ratifia, et décida l'humble élue à accepter les responsabilités de sa charge. La suite de la longue et laborieuse carrière de Madame de Marigo a clairement démontré que l'humilité n'est pas ennemie du travail, et qu'elle n'ôte ni l'énergie, ni les saintes audaces aux âmes formées à l'école de JÉSUS doux et humble de cœur.

Placée à la tête de la Retraite de Quimper par la Providence miséricordieuse du Seigneur, Madame de Marigo fut une femme d'élite, et vraiment à la hauteur des circonstances. Nous l'avons vue intrépide, invincible dans les dangers et à l'heure de la tourmente ; nous l'avons retrouvée mère compatissante pour ses filles dispersées par la tempête ; aux jours de la résurrection de la Retraite, nous l'avons admirée active, infatigable. Il ne nous reste plus qu'à sauver de l'oubli quelques paroles, quelques faits peu importants en apparence, mais que les âmes religieuses, pour lesquelles surtout nous écrivons ces lignes supplémentaires, sauront apprécier à leur juste valeur.

Monseigneur de Saint-Luc, qui, pendant près de quinze années, eut des relations fréquentes avec la Retraite, avait une estime singulière et une sorte de vénération pour Madame de Marigo. « *Cette Dame,* disait-il quelquefois, *a vraiment reçu en partage les dons de sagesse et de conseil.* » — « *Conservez bien votre respectable supérieure,* répétait-il souvent aux Directrices de la Retraite, *conservez-la le plus*

longtemps possible, car elle est irremplaçable ! »
(sic.)

Forcée, après la dispersion de ses filles, de chercher elle-même un asile, elle se renferma à la Coudraie, propriété d'une famille amie, très isolée, et où la solitude la mettait à l'abri de tout péril sérieux. Elle n'y demeura pas inactive. En compagnie de Madame de Larchantel, elle priait pour l'Église, pour la France et sa chère Société dispersée ; elle entretenait une secrète et précieuse correspondance avec celles de ses filles que la révolution avait plus cruellement atteintes, et nous avons vu avec quelle générosité elle s'offrit à partager la prison de Victoire. ([1]) Enfin n'oubliant pas qu'une Dame de la Retraite doit partout s'efforcer d'être apôtre, elle cherchait par son aimable charité à rapprocher les âmes de Dieu et à leur faire goûter la vertu.

Loin de s'abandonner à ces noirs chagrins qui touchent parfois au découragement et même au désespoir, et dont un des plus tristes fruits est d'ôter toute initiative aux heures où il faudrait avoir plus d'élan, Madame de Marigo savait refouler au fond de son âme de trop justes douleurs et apparaissait au château de la Coudraie, comme l'Ange de la consolation et de la joie ! Elle savait rendre autour d'elle la piété si aimable, que les étrangers qui

---

1. V. p. 211.

venaient de temps en temps visiter les nobles châtelains, en étaient ravis, et n'appelaient la sainte recluse que *l'aimable religieuse*.

A cette amabilité qui par instants déborde de certaines natures privilégiées, ou qu'une éducation soignée fait briller à des heures de commande, mais qui s'évanouit si vite lorsque la vertu solide ne règne pas au fond du cœur, à cette amabilité, disons-nous, Madame de Marigo joignait une élévation de pensées et une droiture d'esprit que nous croyons être la note caractéristique de son âme. Elle était trop humble assurément pour soupçonner qu'elle était douée de ces qualités éminentes, mais elle savait les recommander aux âmes qui touchaient la sienne de plus près. « *Mes chères enfants*, répétait-elle souvent aux jeunes associées de son œuvre, *demandez à Dieu avec ferveur qu'il vous donne un esprit juste et raisonnable, cela est absolument essentiel dans notre état.* » La digne Supérieure avait grandement raison. Il est partout bien utile, bien nécessaire même, d'avoir l'esprit juste ; qui peut en douter ? Mais qui ne comprend combien cette qualité est *absolument essentielle dans un état* où plusieurs doivent travailler d'accord, soumis à une direction supérieure ; où le travail doit être mené avec persévérance, dans des vues purement surnaturelles, pour la gloire de Dieu, pour le salut des âmes ? Comment en un mot être religieusement obéissant et embrasser la carrière des Apôtres, sans cette parfaite rectitude d'esprit ?

Nous avons dit brièvement dans notre premier appendice comment, dès les premières lueurs de sécurité au commencement du siècle, cette femme vraiment intrépide fit les démarches nécessaires pour rallier ses compagnes et leur trouver un asile. Ajoutons qu'elle eut, en mourant, l'immense consolation de laisser sa famille religieuse considérablement augmentée et pourvue de sujets dignes par leurs talents et leurs vertus de cette admirable mère.

L'âge et de nombreuses infirmités annonçaient vers 1818 à Madame de Marigo que l'heure de la délivrance allait bientôt sonner pour elle. L'excellente supérieure ne se fit aucune illusion : accablée par la souffrance, elle sut toujours l'accepter et se la rendre infiniment méritoire par son inaltérable patience. L'humilité, dont elle avait donné tant de preuves pendant sa longue carrière, resta jusqu'à son dernier jour la douce et fidèle gardienne de ses autres vertus. En voici un touchant exemple conservé dans les archives de sa famille religieuse : nous sommes heureux de pouvoir le rendre public.

C'était dans l'automne de 1819. Selon l'usage, la Communauté faisait les exercices de la retraite, et cette année, un religieux de la

Compagnie de JÉSUS, le R. P. Cagnac, était le prédicateur. Tout le monde gardait la plus stricte clôture, et le silence le plus rigoureux. Cependant la charité commandait de ne pas laisser seule Madame de Marigo que la maladie retenait dans sa chambre, et quelques-unes de ses filles venaient à tour de rôle, dans le courant de la journée, lui citer quelques bonnes paroles du Père prédicateur, ou lui rappeler les points de méditation. C'était justice ! Or, dans une de ces charitables visites, plusieurs de ces excellentes Dames crurent devoir répéter, avec une expression plus sentie de bonheur, qu'elles revenaient ravies de la conférence du prédicateur... — Et de quelle douce vérité, dit la Supérieure, le Père vous a-t-il donc entretenues pour que vous soyez si contentes ? — Il nous a parlé avec une sorte d'admiration des récompenses extraordinaires que Dieu prépare aux filles de la Retraite qui auront bien travaillé au salut des âmes, selon leur vocation. Madame de Marigo ne pouvait se méprendre sur la pensée de ses filles : trop heureuses de l'encourager, elles lui rappelaient indirectement tout ce qu'elle avait souffert pendant ses trente-six ans de supériorité. « *Oh ! mes chères filles,* leur dit-elle alors avec émotion et faisant un signe pour leur imposer silence, *ne me parlez pas de mes bonnes œuvres ; parlez-moi seulement des mérites de* JÉSUS-

CHRIST. *Tout le reste n'est que de la paille.* » Ce trait de candide humilité ne rappelle-t-il pas celui que, dans une circonstance semblable, nous avons admiré en Monseigneur de Saint-Luc, ce parfait appréciateur des vertus de Madame de Marigo ? Oui, il est toujours vrai, que le juste est le dernier à reconnaître ses bonnes qualités et toujours le premier à s'accuser de ses défauts.

La veille de sa mort, la prévoyante supérieure fit à Madame de Larchantel plusieurs recommandations pleines de sagesse dans l'intérêt spirituel des Dames de la Retraite. Elle insista particulièrement sur l'esprit de recueillement et de solitude, âme de l'oraison et gage de stabilité et de persévérance. Quand elle eut reçu l'Extrême-Onction, elle pria son confesseur d'exhorter en son nom la communauté à l'union fraternelle ; puis elle ajouta elle-même avec humilité et maternelle tendresse : « *Je demande pardon du mauvais exemple que j'ai donné et je donne ma bénédiction à toutes mes filles.* »

Conservant sa connaissance jusqu'au dernier soupir, elle mêla sa voix à celles de ses compagnes pendant les prières de l'agonie; et comme une novice répondait aux invocations des Saints : *Priez pour nous,* « *Ma fille, dites : Priez pour elle,* » lui murmura aimablement la bonne Supérieure. Un instant après elle expirait dans la paix de son Dieu. C'était le jour de la fête de saint Corentin, 12 Décembre, jour anniversaire de son baptême ; elle entrait dans sa quatre-vingtième année. Ses cendres reposent dans le cimetière de saint David, près la Retraite de Quimperlé, où cette noble femme avait eu la consolation de rendre la vie aux œuvres de son Institut. Que sa mémoire reste en bénédiction ainsi que le nom de Madame de Kerméno ! Madame de Marigo peut, à juste titre, être appelée la seconde Fondatrice de la Retraite de Quimper, et nulle supérieure de cette congrégation, ne mérite autant qu'elle la respectueuse admiration et l'éternelle reconnaissance de ses filles.

V.

Les Pères de la Compagnie de Jésus et la Maison de Retraite à Quimper.

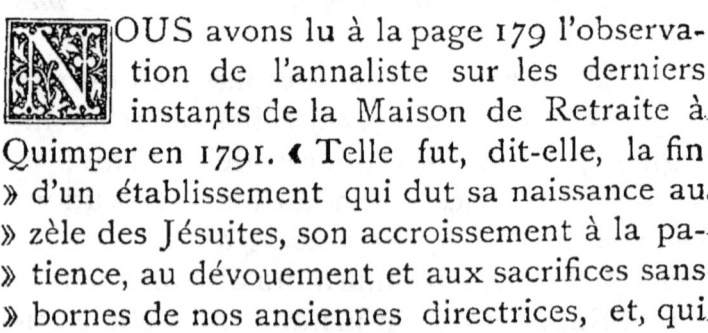OUS avons lu à la page 179 l'observation de l'annaliste sur les derniers instants de la Maison de Retraite à Quimper en 1791. « Telle fut, dit-elle, la fin
» d'un établissement qui dut sa naissance au
» zèle des Jésuites, son accroissement à la pa-
» tience, au dévouement et aux sacrifices sans
» bornes de nos anciennes directrices, et, qui

» protégé par les Évêques de Quimper d'une
» manière toute spéciale, rapporta tant de
» fruits pendant plus d'un siècle. »

A la veille de commencer leur troisième siècle d'existence les religieuses de la Retraite de Quimper voudraient qu'un chapitre supplémentaire démontrât que, non seulement leur Institut a été fondé, mais surtout qu'il a été soutenu et développé par les Enfants de Saint Ignace.

Sans être difficile au point de vue historique, ce travail devient délicat et embarrassant, lorsqu'il est confié à un religieux de la Compagnie de JÉSUS. Devons-nous pour cela refuser ce que la reconnaissance sollicite ? — Nous ne le croyons pas, et d'ailleurs nous prétendons bien ne pas parler de notre propre chef ni nous ériger en panégyriste de *notre famille.* — Après tout, serait-ce un si grand mal ? et quand le mensonge est encensé par tant d'écrivains, faudrait-il qu'un fils n'osât dire les gloires de sa Mère ? C'est une faiblesse que nous n'avons jamais pu comprendre. — Mais, nous le répétons, notre plume n'aura qu'à redire ce que les annales de la Retraite de Quimper ont depuis longtemps enregistré ; et, personne ne trouvera mauvais qu'en abrégeant de fort belles pages, écho de cœurs reconnaissants, nous rendions hommage à quelques vaillants religieux de la Compagnie de JÉSUS.

C'est d'abord le vénérable Père Huby dont nous avons déjà parlé (1) et qui fut, de concert avec son illustre et saint ami, Monsieur de Kerlivio, Vicaire général de Vannes, le fondateur par excellence de toutes les maisons de Retraite en Bretagne ; c'est le Rév. Père Kermadic, Recteur du collège de Quimper et dont le rôle, aux premières tentatives de l'institution des retraites de femmes en cette ville, ne fut autre que celui de la patience et des déceptions. C'est après lui le R. P. Babinet, son successeur dans la charge de Recteur du collège. Plus heureux que le P. Kermadic, le nouveau Supérieur eut la consolation d'apprendre, le 17 janvier 1682, que Monseigneur l'Évêque de Quimper avait donné à Madame de Kerméno les autorisations sollicitées. Il en éprouva la joie la plus vive, et, en mémoire de cette insigne faveur, fit présent à Madame de Kerméno d'une statue de la très sainte Vierge. Elle fut aussitôt placée sur la porte de la maison avec ce titre et cette invocation que les Dames de la Retraite ne contrediront jamais : « *Très Sainte Vierge, Fondatrice de la Retraite, priez pour nous !* »

Ardent à promouvoir en toute chose la gloire de Dieu et le salut des âmes, le R. Père Babinet « *s'employa avec un zèle infatigable à cet établissement ; il ne le fit pas sans contradictions,*

---

1. Voyez p. 45.

mais il ne fut pas frustré de la récompense due à ses travaux. »

Nous ne pouvons citer que pour mémoire les Pères Le Fort et Gérard, dont les conseils particuliers furent du plus grand secours à Madame de Kerméno, dans les moments de perplexité, de détresse spirituelle qui ne sont pas épargnés aux âmes généreuses.

Nous devrions parler plus longuement du P. La Garde. Sa douceur, son affabilité et surtout sa charité compatissante à toutes les misères étaient telles qu'on l'appelait *l'Avocat du genre humain*. Il fut un des ouvriers les plus dévoués à l'œuvre de la Retraite. Comme tant d'autres, d'ailleurs, il fut exposé à de mesquines jalousies, et obligé de retourner à Brest au collège des Pères où il était désiré avec ardeur.

Quelque temps après cette disgrâce, Monseigneur l'Évêque, (Mgr de Plœuc) ayant fait un voyage à Rennes et ayant parlé de la Retraite à une de ses sœurs, religieuse au Couvent de la Visitation, « *celle-ci l'engagea fortement à la mettre sous la direction des Jésuites.* » On comprend les raisons qu'allégua la digne fille de Saint François de Sales. Sa Grandeur en prit note. De retour à Quimper, Monseigneur en parla à la nouvelle supérieure, Madame de Lestridiagat. Sans balancer celle-ci répondit : » Que puisque Sa Grandeur avait la bonté de la
» consulter dans cette circonstance, elle se

» croyait obligée de lui dire, que les Pères de
» la Compagnie de JÉSUS semblaient avoir une
» grâce particulière pour donner les exercices
» de la Retraite. » — Monseigneur, frappé de
ces observations si bien d'accord avec le conseil de sa sœur, parla au Père Recteur et lui demanda de nouveau le Père La Garde pour directeur de la Retraite. Les démarches nécessaires pour obtenir ce déplacement eurent lieu et le Père La Garde fut enlevé une seconde fois à la maison de Brest qui le regretta vivement, et revint à Quimper, où le deuil causé par son départ fit place à une joie universelle ; et on remit la Retraite sous sa conduite ([1]).

Cet incomparable ouvrier « *donnait depuis quatorze ans tous ses soins à la bonne œuvre avec un zèle infatigable et les plus grands succès,* » quand en 1709, il fut appelé à Paris par ses supérieurs « *pour travailler aux retraites qui s'y faisaient dans la maison du Noviciat.* » Avant son départ il fit tout son possible pour procurer aux Dames de la Retraite un père dévoué à leur œuvre et capable de le faire avec fruit.

---

[1]. Ce fait auquel nous pourrions en ajouter tant d'autres, répond péremptoirement à ces pamphlétaires qui prétendent que les religieux, et notamment les religieux de la Compagnie de JÉSUS, ne tiennent aucun compte des désirs, des réclamations de l'autorité épiscopale. C'est le contraire qui est la vérité. Personne n'a jamais montré plus de déférence envers cette autorité que ceux qui sont les défenseurs-nés du Pouvoir sacré. Le Jésuite a souvent été victime de son obéissance : Qu'on en cite un seul révolté contre l'autorité légitime.

Appendice V.

Il jeta les yeux sur le Père Extasse, très jeune encore, mais dont il estimait grandement les qualités et la vertu. Ce ne fut pas sans peine qu'il l'obtint ; car déjà Madame de Kerderf, supérieure de la Retraite de Vannes après la mort de Madame de Francheville, avait fait des démarches pour que le jeune Père, fort apprécié à Vannes comme professeur, demeurât dans la même ville en qualité de directeur de la Retraite. Dieu voulut que le Père Extasse devînt le successeur du Père La Garde, et celui-ci quitta avec moins de regret l'œuvre à laquelle il s'était dévoué sans réserve, mais qu'il savait tomber en bonnes mains. « Le Père La Garde, disent les annales
» que nous n'avons plus qu'à transcrire, partit
» au bout de trois mois, regretté de tous ceux
» qui le connaissaient, de nous surtout qu'il
» avait dirigées si longtemps, et du Père
» Extasse qu'il laissait fort jeune chargé d'un
» pesant fardeau et d'une tâche pénible et
» difficile à remplir. Mais Dieu vint à notre
» secours ; et les bénédictions, qu'il daigna
» répandre sur nos Retraites, nous apprirent
» de nouveau à ne nous décourager jamais
» dans les événements imprévus et à nous
» confier de plus en plus dans sa bonté et
» dans son infinie miséricorde !.... »

« Nous croyons faire plaisir à nos lecteurs,
» en rapportant ici quelques particularités de

» la vie du Père Extasse, propres à les inté-
» resser et à les édifier. Nous devons cet hom-
» mage à sa mémoire qui sera toujours en
» vénération parmi nous, et ce léger tribut est
» une bien faible marque de notre reconnais-
» sance. Il fit ses études au collège de Quim-
» per, où il fut présenté par une Dame de la
» Retraite, amie de sa mère. Heureusement
» prévenus en sa faveur, par son air modeste
» et spirituel, les Supérieurs le reçurent avec
» joie au nombre de leurs élèves, et conjectu-
» rèrent dès lors ce qu'il serait dans la suite.
» Les jours de congé le jeune étudiant venait
» à la Retraite rendre compte à sa protectrice
» de ses succès et de sa conduite ; et déjà tout
» le monde pouvait admirer la précocité de
» jugement et la solide piété de cet enfant.
» Lorsqu'il fut en troisième il se lia avec deux
» écoliers qui ne lui cédaient ni en vertu ni en
» mérite, et qui plus tard entrèrent comme
» lui dans la Compagnie de JÉSUS. Ces chers
» enfants se faisaient un bonheur d'instruire
» les petits paysans qu'ils rencontraient dans
» leurs promenades ; et leurs amusements
» mêmes étaient l'essai des devoirs du saint
» état qu'ils voulaient embrasser. A la fin de
» sa rhétorique le jeune Extasse se présenta
» au R. Père Provincial pour être admis dans
» la Compagnie de JÉSUS. Sa piété, son zèle
» ardent et ses succès littéraires étaient trop

» connus, pour que les supérieurs hésitassent
» un instant à lui ouvrir la porte du noviciat.

« Après ses premiers vœux, il fut employé
» à la régence des Humanités dans les collèges
» de Rennes et de Vannes, puis envoyé à
» Paris pour y faire ses cours de Philosophie
» et de Théologie. Nous avons su d'un Père,
» incapable de donner des louanges outrées,
» que le jeune Père Extasse avait soutenu *ses*
» *Thèses* avec la plus grande distinction et
» surpassé tous ses confrères qui étaient cepen-
» dant des sujets fort remarquables. Tous ces
» succès ne l'éblouirent pas ; et quand l'obéis-
» sance le rappela dans sa Bretagne, il revint
» aussi modeste qu'auparavant, aussi humble,
» aussi soumis, aussi disposé à faire ce que ses
» supérieurs jugeraient à propos de lui ordon-
» ner.

« Dès son arrivée à Quimper, il prit part à
» nos retraites, et il y réussit au delà de nos
» espérances. Pendant la longue suite d'années
» qu'il les a dirigées, nous n'avons eu qu'à nous
» louer de son zèle, de ses rares talents et de
» la protection visible que Dieu daignait ac-
» corder à ses saintes entreprises. Un travail
» excessif faillit nous l'enlever dès la première
» année de son ministère parmi nous ; mais
» grâce au ciel, les forces lui revinrent, et les
» diverses communautés religieuses auxquel-
» les le père La Garde lui avait en partant

» conseillé de donner une partie de ses soins,
» furent comme nous ravies de son dévoue-
» ment et des fruits de sanctification opérés par
» sa direction.

« Le Père Extasse cependant eut plus vo-
» lontiers travaillé à la conversion des pécheurs
» qu'à la perfection des âmes renfermées dans
» le cloître ou menant dans le monde une vie
» régulière. *J'aime mieux*, disait-il agréable-
» ment à ce sujet, *j'aime mieux retirer une*
» *âme de l'enfer, que d'en empêcher plusieurs*
» *d'aller en purgatoire*. Du reste le zèle ardent
» qui embrasait son cœur ne lui permit pas
» de se borner au bien qu'il faisait à la Re-
» traite, et il saisit avec empressement toutes
» les occasions que la Providence lui offrit de
» glorifier le saint nom de Dieu qu'il aurait
» voulu faire connaître à tout l'univers.

« Avec l'approbation de l'Évêque, il établit
» à Quimper et dans plusieurs autres villes du
» diocèse de pieuses Congrégations d'hommes
» et de femmes pour les artisans et les gens
» du peuple, et dans les campagnes pour les
» laboureurs. Il faisait lui-même les statuts et
» les règlements de ces différentes sociétés ; il
» y mettait tant d'ordre et de sagesse, que ces
» bonnes gens pouvaient, sans manquer aux
» devoirs de leur état, remplir un grand
» nombre de saintes œuvres, trop souvent né-
» gligées par les personnes de leur condition.

» Le père Extasse leur prescrivait plus parti-
» culièrement le soulagement des pauvres et
» des prières pour les âmes du purgatoire. Il
» va sans dire que toutes ces institutions éprou-
» vèrent plus d'une contradiction ; mais les
» bénédictions abondantes que Dieu répandit
» sur elles firent bien voir que son Esprit était
» avec son serviteur.

« Le succès avec lequel le Père Extasse
» s'employait à retirer du vice les malheu-
» reuses créatures qui s'y étaient plongées,
» irrita tellement les libertins, que plusieurs
» conçurent l'abominable projet d'attenter à
» ses jours. Dieu ne permit pas que l'homme
» ennemi triomphât, et l'apôtre évita les
» pièges.

« Voici un exemple héroïque de la patience
» et de la modération du Père Extasse. Un
» gentilhomme, qui passait d'ailleurs pour
» honnête et ami de la vertu, se plaisait à dé-
» crier le Père dans toutes les sociétés où il se
» trouvait ; et l'on était d'autant plus étonné
» de ce débordement d'injures, que le saint
» religieux ne lui avait jamais donné aucun
» sujet de plainte. Un jour ce Monsieur l'abor-
» de, et aussitôt vomit contre lui tout ce que
» le démon ou la passion peuvent lui suggérer
» de grossières insultes. — Le Père Extasse
» reste calme, attend, sans faire paraître au-
» cune émotion, que l'insolent ait fini : puis,

» prenant à son tour la parole, il répond d'une
» manière si édifiante et si douce, que l'impu-
» dent est touché jusqu'au cœur et se retire
» confus de son emportement et ravi d'admi-
» ration. A partir de ce jour, il ne cessa de
» faire l'éloge du Père Extasse. » « *Pour satis-*
» *faire au devoir de ma conscience*, répétait-il
» souvent devant ses amis, *je dois dire partout*
» *autant de bien du Père Extasse avec justice,*
» *que j'en ai dit de mal sans raison.* »

« Pendant plus de vingt ans le Père Extasse
» dirigea les retraites dans notre maison de
» Quimper, et, ajoute l'annaliste, ce qu'il y a
» d'admirable, c'est qu'on ne se soit jamais
» lassé d'entendre ses conférences et ses in-
» structions. Il semblait véritablement que
» Dieu eut attaché une grâce particulière à ce
» qu'il disait, et les succès inespérés de ses
» pieuses entreprises en sont une preuve bien
» sensible.

« La maladie et les dispositions des supé-
» rieurs faillirent plus d'une fois enlever le
» Père à la direction de nos retraites ; mais
» Dieu, touché de nos larmes et de nos prières,
» le rendit à nos vœux et inspira même au
» R. Père Provincial de lui donner un aide qui
» partageât avec lui les exercices de son labo-
» rieux apostolat.

« Le Père Extasse, mort le 14 mai 1749, en
» odeur de sainteté, dans la ville de Quimper

» qu'il avait embaumée du parfum de ses ver-
» tus apostoliques, est regardé par les Dames
» de la Retraite comme leur véritable père.
» C'est lui qui, en 1717, leur donna leur *Règle-*
» *ment de conduite.* » Ce code spirituel de la
Retraite remarquable par sa simplicité, sa précision, et par le sens pratique du religieux qui l'a formulé, dirigea pendant plus d'un siècle dans les voies d'une haute perfection les Dames consacrées à l'œuvre des Retraites. Les modifications, apportées depuis cinquante ans à ce précieux *Directoire*, ne pourront jamais faire oublier tout ce qu'il a procuré d'avantages spirituels aux âmes qui l'ont suivi ; et le nom du Père Extasse sera éternellement cher, comme celui du vénérable Père Huby, aux cœurs reconnaissants des *religieuses de la Retraite du Cœur de* JÉSUS.

Nous avons vu dans la biographie de Victoire de Saint-Luc les relations du Père le Guillou et du Père de Pénanros avec la Retraite de Quimper : Nous n'avons pas à y revenir.

Quand la tourmente révolutionnaire fut apaisée et que Pie VII eut rendu à l'univers catholique la Compagnie de JÉSUS, Madame de Marigo et ses pieuses filles réclamèrent la direction des religieux de cet ordre. Les Pères Cahier et Jenneseau leur donnèrent les exercices spirituels en 1818, le Père Cagnac en

1819, les Pères Valentin et Margerie en 1825. C'est cette même année 1825 que le Père Debrosse, si connu par sa piété envers S. Joseph et les Saints Anges, prêcha la profession de Mademoiselle Sophie de Kerdroniou, nièce du Père Rozaven. Celui-ci, retenu à Rome, applaudit de loin au sacrifice de sa pieuse nièce, comme il avait déjà fait, lorsque ses deux sœurs s'étaient consacrées au Cœur de JÉSUS en entrant dans le même Institut.

Depuis cette époque la Congrégation des Dames de la Retraite de Quimper s'est efforcée de suivre les vieilles traditions. Formée par les religieux de la Compagnie de JÉSUS, elle tient à se nourrir des enseignements donnés par les enfants de Saint Ignace : et ceux-ci, dans la mesure de leur vocation, seront toujours heureux de concourir, avec leurs devanciers et avec toutes les âmes apostoliques, à étendre le règne de Dieu par les EXERCICES SPIRITUELS.

VI.

Noms des Évêques de Quimper et des Supérieures de la Retraite, de 1682 à 1882.

Évêques de Quimper.	Supérieures de la Retraite.
Monseigneur François de COËTLOGON, 1668—1706.	Madame Claude Thérèse de KERMÉNO. 1682—1692.
Monseigneur Hyacinthe de PLŒUC DU TYMEUR. 1707—1739.	Madame de LESTREDIAGAT. 1692—1725.
	Madame de MOËLIEN. 1725—
Monseigneur François Annibal de FARCY DE CUILLÉ. 1739—1771.	Madame de LANHOULOU —1777.
Monseigneur Emml. Louis de GROSSOLLES DE FLAMARENS. 1771—1772.	Madame DE LA ROCHE du DRESNAY. 13 avril 1777 — 21 septembre 1777.
Monseigneur Toussaint-François Joseph CONEN DE SAINT-LUC. 1773—1790.	Madame du CLESMEUR. 1777—1783.
(Vacance du Siège, occupé par deux intrus EXPILLY ET AUDREIN).	Madame Marie Charlotte de MARIGO. 1783—1791. Dispersion.
Monseigneur CLAUDE ANDRÉ. 1802—1804.	Dispersion.

Monseigneur Pierre-Vincent DOMBIDEAU DE CROUSEILHES. 1805—1823.	Madame Marie Charlotte de MARIGO. 1805—1819.
Monseigneur Jean Marie Dominique de POULPIQUET DE BRESCANVEL. 1824—1840.	Madame Marie Esprit de LARCHANTEL. 1820—1832.
Monseigneur JOSEPH MARIE GRAVERAN. 1840—1855.	Madame Jenny de KERTANGUY. 1832—1838.
Monseigneur RENÉ-NICOLAS SERGENT. 1855—1871.	Madame Lise ROBINET de la TOURRAILLE. 1838—1850.
D. ANSELME NOUVEL, O. S. B. 1871—	Madame Sophie de KERDRONIOU. 1850—1874. Madame NELLY FELTZ. 1874—

FIN DES APPENDICES.

Table des Matières.

	PAGE
Lettre de l'auteur à Monseigneur D. Anselme Nouvel, Évêque de Quimper et de Léon	V
Lettre de Monseigneur l'Évêque de Quimper et de Léon au R. P. P-X Pouplard	VIII
Introduction	XI

LIVRE PREMIER.

Chapitre premier. — La famille de Saint-Luc. — Naissance de Victoire. — Son enfance et son éducation au foyer domestique   1

Chapitre deuxième. — Victoire au pensionnat des religieuses de la Visitation. — Son caractère, — ses luttes, — sa préparation à la première communion...   11

Chapitre troisième. — Victoire rentre au sein de sa famille, — elle y continue son éducation. — Trait de vertu. — Vocation. — Intérieur de la famille de Saint-Luc. — Esprit de prière. — Charité envers les pauvres et les malades. — Vie réglée.   17

Chapitre quatrième. — La famille de Saint-Luc dans sa terre du Bot. — Le château est l'asile des malheureux et une école de dévouement. — Aspirations de Victoire à la vie religieuse. — Le jubilé de 1776 à Quimper   27

LIVRE SECOND.

Chapitre premier. — Les exercices spirituels de saint Ignace de Loyola. — Maisons de Retraite à Vannes, à Quimper. — Fondateurs et Fondatrices   37

Chapitre deuxième. — Victoire de Saint-Luc se dispose à entrer dans la Société des Dames de la Retraite à Quimper. — Obstacles. — Sa vie dans le monde. — Sa maladie. — Son esprit de mortification. — Sa vie apostolique... 50

Chapitre troisième. — Pénurie de sujets à la Retraite de Quimper. — Supplique à Marie. — Victoire de Saint-Luc entre chez les Dames de la Retraite. — Débuts de Victoire. — Premières joies. — Ses épreuves. — Ses résolutions. — Son dévouement. — Sa dévotion singulière au Cœur Sacré de Jésus... 67

Chapitre quatrième. — Extraits des réflexions de Victoire pendant ses retraites de 1784 et de 1786. — Maladie. — Convalescence. — Nouvelle maladie. — Fruits que Victoire retire de ses souffrances 87

Chapitre cinquième. — Monseigneur de Saint-Luc. — Son dévouement à la cause catholique. — Sa maladie. — Sa guérison. — Ses relations paternelles avec les Dames de la Retraite. — Sa sainte mort. — Ses obsèques 96

Chapitre sixième. — Dévouement de la Maison de Retraite de Quimper à la cause de l'Église. — Lettre de Victoire de Saint-Luc à un prêtre assermenté. — Élection d'Expilly par les patriotes pour l'Évêché du Finistère 115

Chapitre septième. — Expilly à Quimper. — Conduite de l'Évêque intrus envers les Dames de la Retraite. — Commencement de la persécution. — Nouvelle maladie de Victoire. — Suite de la persécution. — Décret d'expulsion. — Les scellés. — Expulsion. — Asile chez les Calvairiennes ... 130

Chapitre huitième. — Charité des Calvairiennes. — Victoire compose une prière en l'honneur de saint Michel. — Pieuses correspondances. — Image du Sacré-Cœur. — Le docteur Trémaria... 152

𝔗able des 𝔐atières.

LIVRE TROISIÈME.

PAGE

Chapitre premier. — Victoire au château du Bot. — Elle est appelée une première fois devant les tribunaux. — Quelques mois de calme en famille au Bot. — Le château est envahi. — Arrestation de Victoire et de ses parents. — Voyage des captifs. — Prison de Carhaix. — Apostolat de Victoire parmi les prisonniers. — L'athée converti. 169

Chapitre deuxième. — Victoire est ramenée de la prison de Carhaix à celle de Quimper. — Pieux sentiments de Victoire... 181

Chapitre troisième. — Prison de Quimper. — Souffrances de Victoire. — Madame de Silguy. — Dévouement de Victoire. — Correspondance. — Madame de Marigo à la Coudraie.... 203

Chapitre quatrième. — Victoire destinée à la Conciergerie. — Correspondance. — Neuvaine à Saint François-Xavier exaucée. — Confession. — Mort admirable de Mr Riou, curé de Lababan. ... 216

Chapitre cinquième. — Monsieur et Madame de Saint-Luc amenés à la prison de Quimper. — Scène attendrissante. — Nouvelle séparation. — Les trois captifs doivent être dirigés sur la Conciergerie. — Adieux. — Poignante douleur de Madame de Silguy 224

Chapitre sixième. — Victoire et ses vénérés parents sont dirigés sur Paris. — Correspondance de Victoire. — *Fac simile* d'une lettre inédite. — Dévouement de Victoire pendant le voyage. — La Conciergerie. — Séparation. — Les trois prisonniers sont réunis pour la sentence de mort. — Le marquis de Cornulier. — Derniers adieux. — Victoire est décapitée le 19 juillet 1794 230

Appendices.

I.
Monseigneur Conen de Saint-Luc et les Francs-maçons de Quimper, en 1776... 245

II.
Fébronius et le Fébronianisme 251

III.
Rétablissement des Maisons de Retraite dépendantes de Quimper 254

IV.
Madame de Marigo 260

V.
Les Pères de la Compagnie de JÉSUS et la Maison de Retraite à Quimper 268

VI.
Noms des Évêques de Quimper et des Supérieures de la Maison de Retraite, de 1682 à 1882. 281

Table 283

OUVRAGES DU MÊME AUTEUR.

Notice sur le V. P. de la Colombière, de la Compagnie de Jésus, — 3e édition. In-12 de 320 pages. — Prix franco : Chez Briday, 3, avenue de l'Archevêché, à Lyon ... ... fr. 2-30.

Pensées et Sentiments du V. P. de la Colombière. — 1 vol. in-12 de XXIV-356 pp. — Prix net et *franco*: rue Bonaparte, 33, chez H. Haton, à Paris fr. 2-75

Publications de l'Imprimerie St-Augustin.

Allons au Ciel! Manuel de l'âme pieuse, troisième édition. 1 vol. in-12. ... ... fr. 4,50

Les Enseignements de la divine Sagesse, dans l'Évangile et les Saintes Écritures, suite à *Allons au Ciel*. ... ... fr. 4-00

La Lyre chrétienne, ou paraphrase, sous forme de prières, des psaumes les plus usités, par l'auteur de *Allons au Ciel* ... ... fr. 3,00

Marie au Temple, modèle des jeunes filles chrétiennes pendant les années de leur éducation, par Mme Marie de Gentelles ... ... fr. 1,00

La Journée d'une Enfant de Marie, par Mme M. de Gentelles... ... ... fr, 1-25

Vie de la Mère Marie-Madeleine (Julie Postel), Fondatrice et première Supérieure des Sœurs de la Miséricorde des Écoles Chrétiennes, par Mgr. Postel ... ... fr, 1,00
        Édition de luxe ... ... » 1,50

La Vie des Saints méditée, ou une vie de Saint pour chaque jour de l'année, suivie d'une méditation et d'une prière, par le R. P. J. C. Grossez, S. J. 1 vol. in-16 ... ... fr. 3-50

www.ingramcontent.com/pod-product-compliance
Lightning Source LLC
Chambersburg PA
CBHW071341150426
43191CB00007B/811